Mohammad Tahan
John Rampton
Jayson DeMers

Guia de SEO para principiantes

Mohammad Tahan
John Rampton
Jayson DeMers

Guia de SEO para principiantes

ScienciaScripts

Imprint

Cover image: www.ingimage.com

This book is a translation from the original published under ISBN 978-3-659-84678-6.

Publisher:
Sciencia Scripts
is a trademark of
Dodo Books Indian Ocean Ltd. and OmniScriptum S.R.L publishing group

120 High Road, East Finchley, London, N2 9ED, United Kingdom
Str. Armeneasca 28/1, office 1, Chisinau MD-2012, Republic of Moldova, Europe
Printed at: see last page
ISBN: 978-620-8-25612-8

ÍNDICE DE CONTEÚDOS

Capítulo 1

O cenário de SEO em mudança

A SEO ainda é relevante?

Se está a começar a investigar o campo da SEO, é provável que tenha sido inundado com mensagens contraditórias. Por um lado, é provável que tenha ouvido falar da importância de ter um sítio Web e uma presença em linha que o ajude a estabelecer contacto com novos clientes e a obter uma boa classificação nos resultados dos motores de busca. Por outro lado, também já ouviu dizer que a SEO não é eficaz, está desactualizada ou é um "truque de mau gosto", que é o reino dos spammers. Como é que pode conciliar estes pontos de vista opostos?

Deixe-nos esclarecer as suas preocupações: A SEO não está morta. No entanto, está a evoluir rapidamente e a mudar diariamente.

Num passado não muito distante, a SEO referia-se principalmente a uma série de abordagens tácticas que podia utilizar para colocar o seu site num dos primeiros lugares dos motores de busca como o Google e o Bing. Os gurus de SEO davam conselhos sobre como criar ligações, como estruturar o seu sítio Web, como selecionar nomes de domínio e uma série de outros tópicos destinados a colocá-lo no topo dos motores de busca para pesquisas específicas. Competir com sucesso resumia-se, em grande medida, a dominar e implementar este conjunto de conhecimentos.

Atualmente, a realidade de se destacar nos mares digitais é mais complexa. As tácticas ainda têm o seu lugar nesta era. Mas um site bem classificado é, em grande parte, uma função de uma estratégia bem pensada que integra vários aspectos, desde um bom conteúdo e ligações de qualidade a uma presença ativa nas redes sociais e um conhecimento profundo do seu público.

O que significa realmente SEO

A integração é um conceito importante. Atualmente, a SEO reúne uma série de disciplinas diferentes: tácticas de otimização de pesquisa, marketing nas redes sociais, marketing local, copywriting, otimização de conversões e desenvolvimento de conteúdos. Por outras palavras, para obter uma boa classificação e competir no mundo digital, os empresários e as empresas têm de adotar uma gama mais vasta de disciplinas de marketing online do que nunca. Não basta pensar que um tipo de especialização o levará até ao fim. Em vez disso, tem de se tornar um estudante de marketing digital, estabelecer uma base sólida e, em seguida, continuar a sua formação em áreas mais avançadas e diversificadas que complementem os seus conhecimentos fundamentais.

Atualmente, a SEO baseia-se no posicionamento de autoridade, na existência de uma marca forte e na criação de valor real para as pessoas interessadas no seu nicho. É uma disciplina altamente ética, onde o trabalho árduo e o investimento são recompensados. Os atalhos metem-no em sarilhos, ou até mesmo eliminam-no do jogo.

Já não nos baseamos em tácticas duvidosas ou na simples manipulação de factores individuais numa página. Esta é uma boa notícia para as empresas e para os profissionais de SEO.

O papel da pesquisa orgânica

É útil ter uma perspetiva sobre o funcionamento dos motores de busca quando se fala de SEO. Pense da seguinte forma: estamos a aproximar-nos rapidamente de mil milhões de sítios Web que existem sobre vários tópicos. Como resultado, a Internet necessita de ferramentas que liguem o conteúdo aos utilizadores. É aí que entram os motores de pesquisa, ao fornecerem um ponto de acesso intermediário entre os pesquisadores e todo o conteúdo da Internet. Em última análise, o objetivo de um motor de pesquisa é proporcionar aos utilizadores uma experiência positiva. Neste caso, uma boa experiência refere-se a conteúdos úteis de elevada qualidade que se relacionem o mais possível com o que o utilizador procurava quando iniciou a pesquisa.

A moeda dos motores de pesquisa são as palavras-chave. As palavras-chave são a forma como os pesquisadores dizem ao Google, ao Bing e a outros motores de pesquisa o que procuram, e é uma forma crucial de os motores de pesquisa indexarem e categorizarem o conteúdo. Mas, com um bilião de sites por aí, a categorização de palavras-chave dificilmente é suficiente. Em vez disso, os motores de busca desenvolveram algoritmos que se tornam cada vez mais sofisticados, complexos e, espera-se, precisos na categorização do conteúdo.

Os algoritmos dos motores de busca são influenciados por um grande número de factores, que vão desde a forma como um sítio Web está estruturado até ao número de links que apontam para ele e ao que o conteúdo realmente diz. No entanto, os algoritmos são proprietários e confidenciais, pelo que se gasta muito tempo no mundo da SEO a recolher informações, a realizar experiências e a juntar pistas para informar a nossa compreensão evolutiva do que funciona e do que não funciona quando se está a tentar classificar um site.

O impacto líquido para os proprietários de sítios é simples: tem de criar um sítio Web tendo em mente os seus objectivos comerciais e os seus clientes. Também tem de se lembrar que os motores de busca são uma consideração na forma como faz negócios digitalmente. A compreensão das melhores práticas de SEO coloca-o na melhor posição possível para classificar o seu sítio. Quer faça a sua própria SEO ou se associe a uma empresa ou consultor de SEO, é o principal responsável pelas decisões que afectam a sua empresa e o seu sítio Web.

Canais e o seu sítio Web

A pesquisa orgânica, ou tráfego natural dos motores de busca, é uma fonte potencial de visitantes para o seu sítio Web. Existem muitos outros potenciais motores de tráfego para um sítio Web. Uma rápida visão geral dos tipos de tráfego do sítio Web deve incluir:

- Tráfego orgânico, como resultado dos resultados dos motores de busca de sítios como o Google e o Bing

- Tráfego de referência, baseado em ligações de outros sítios Web que enviam visitantes que clicam
- Tráfego de marketing nas redes sociais, proveniente da participação e de ligações em sítios como o Facebook, o Twitter, o Pinterest e o LinkedIn
- Tráfego pago, que resulta de publicidade como banners e publicidade Pay-Per-Click em motores de busca através de programas como o Google Adwords
- Tráfego direto, em que os clientes escrevem o URL do seu sítio diretamente no browser

Embora a SEO fosse normalmente utilizada para designar o tráfego orgânico, é agora muito mais comum referir-se ao universo de potenciais visitantes de todos estes diferentes canais. A otimização para o tráfego dos motores de busca é importante. Mas bases de tráfego diversificadas ajudam a torná-lo imune às flutuações dos motores de busca ao longo do tempo e ajudam-no a descobrir quais as fontes de tráfego que lhe enviarão os seus clientes mais rentáveis e empenhados.

O papel da concorrência na SEO

Outro aspeto a explorar é o papel da concorrência na SEO. É frequentemente mal compreendido. O que é verdade, no seu nível mais básico, é que existem apenas dez lugares na primeira página do Google para um determinado termo de palavra-chave. Um dos estudos mais recentes mostrou que um site na primeira posição do Google recebe 32,5% dos cliques, a segunda posição 17,6, a terceira posição 11,4, e assim por diante. Por outras palavras, quanto mais bem classificado estiver, mais tráfego e potenciais clientes poderá obter. No entanto, não é assim tão simples.

Como veremos no Capítulo 4, as estratégias de palavras-chave actuais são infinitamente mais complexas e, no entanto, mais direcionadas do que eram há dez anos. Isto dá esperança aos Web sites que estão apenas a começar e a competir num nicho com concorrentes bem estabelecidos. No entanto, a concorrência desempenha um papel no processo de SEO e é útil ter isso em mente ao escolher as suas palavras-chave, conceber a sua estratégia de SEO e avaliar os outros intervenientes no seu nicho.

O que está a motivar todas as mudanças?

Uma pergunta comum que muitas pessoas que são novas em SEO fazem é porque é que há tantas mudanças no campo da SEO? Ou, dito de outra forma, porque é que os motores de busca querem tornar as coisas tão difíceis para os profissionais de marketing e para as empresas?

Esta é a mentalidade errada, embora seja uma conclusão natural a tirar.

Lembre-se do papel dos motores de busca no ecossistema em linha: criar uma experiência tão positiva quanto possível para os seus utilizadores, ligando-os a informações relevantes. O objetivo não é criar bloqueios para os sites. Em vez disso, trata-se de elevar a fasquia o mais possível para encontrar o melhor dos melhores conteúdos.

A SEO é um domínio que tem uma história algo obscura. Muitos profissionais desta área exploraram toda e qualquer tática disponível para classificar sites de má qualidade com um objetivo comercial em mente. Como resultado, os motores de busca reagiram fortemente contra os spammers e exigiram sites de qualidade e práticas éticas. Embora seja reconhecidamente mais trabalhoso construir um excelente site, otimizar a experiência do utilizador, concentrar-se em conteúdo de qualidade e criar boas relações com outros sites e leitores para atrair links, vale a pena. Isto não só beneficiará o seu site, como também beneficiará a sua empresa e a sua marca a longo prazo.

Compreender que a SEO é um campo que está a evoluir rapidamente pode ajudá-lo a manter-se a par das mudanças. Vamos agora analisar mais detalhadamente uma estrutura geral para o ajudar a pensar sobre a SEO no contexto atual.

Os três pilares da SEO

Pense na SEO como uma disciplina holística: não existe uma única tática ou estratégia que funcione para obter classificações de topo e sustentáveis. Em vez disso, para obter boas classificações nos motores de busca, é necessário conhecer e aproveitar estrategicamente três áreas principais: ligações, conteúdos e marketing nas redes sociais. Cada uma destas áreas funciona em sinergia para criar uma estratégia de SEO bem sucedida. Vamos analisar cada uma delas mais de perto e o que precisa de saber.

Estratégia de conteúdo

A estratégia de conteúdos está a ser apresentada pelos especialistas como "a nova SEO", e por boas razões. Na sequência das actualizações dos algoritmos Panda e Penguin do Google (que são discutidas com mais pormenor no Capítulo 3), muitas tácticas outrora populares deixaram de funcionar. Estas actualizações do algoritmo obrigaram os estrategas de marketing online a repensar as suas campanhas de SEO, passando de tácticas a estratégicas, com grande ênfase na produção e publicação de conteúdos de qualidade.

Mas a estratégia de conteúdos vai para além da simples publicação de conteúdos de qualidade. Também engloba o conteúdo existente no seu Web site e garante que está optimizado do ponto de vista técnico de SEO, ao mesmo tempo que assegura que o conteúdo publicado no futuro também respeita estas práticas recomendadas técnicas. Para obter um excelente guia sobre elementos técnicos de SEO no local, consulte este guia de SEO no local: http://www.vudumarketing.com/on-site-seo-guide.

Depois de ter abordado os elementos técnicos, é altura de se concentrar na sua estratégia de conteúdo. Antes de começar a escrever e publicar estrategicamente o seu conteúdo, precisa de compreender o seu mercado-alvo, bem como as palavras e frases (palavras-chave e conceitos, discutidos mais detalhadamente no Capítulo 4: Pesquisa moderna de palavras-chave) que eles procuram nos motores de busca.

A melhor utilização dos dados de palavras-chave é procurar locais que preencham lacunas no conteúdo geral de um sítio Web. Os utilizadores do seu mercado-alvo estão à procura de uma determinada frase ou resposta para a qual não existe um artigo ou publicação de blogue aplicável? Crie uma publicação de blogue, um e-book, um artigo ou um livro branco sobre isso. Comece por efetuar uma pesquisa de palavras-chave e, em seguida, utilize essa pesquisa para criar a sua estratégia de conteúdo. Aqui estão alguns recursos úteis para saber exatamente como fazer isso:

- O Guia Definitivo para Utilizar a Ferramenta de Planeamento de Palavras-Chave do Google para Pesquisa de Palavras-Chave:https://www.searchenginejournal.com/definitive-guide-using-googles-keyword- planner-tool-keyword-research
- Como construir uma estratégia de conteúdo de arromba: http://www.audiencebloom.com/2013/04/how- para-construir-uma-estratégia-de-conteúdo-de-arromba

Além de compreender o que os utilizadores reais estão realmente à procura, um bom conteúdo também molda a experiência do utilizador e a forma como vêem e sentem uma empresa. Um blogue da empresa atualizado regularmente, com publicações bem escritas e perspicazes, granjeará uma reputação de publicação de conteúdos de qualidade, o que atrairá mais ligações de entrada, agitação nas redes sociais, uma imagem de marca positiva, tráfego, contactos e vendas. Compare isso com um blogue de empresa que se limita a comunicar notícias ou eventos mundanos da empresa sem oferecer informações ou valor aos seus leitores.

Pensar na mentalidade do cliente deve ser sempre a estrutura a partir da qual o conteúdo é criado e publicado. Uma empresa de vitaminas biológicas pode assumir com segurança que os seus clientes vão estar interessados em conteúdos que discutam a saúde e o bem-estar geral. Assim, uma entrevista no blogue com uma empresa em fase de arranque que oferece entrega de produtos biológicos será mais interessante do que uma publicação orientada para o marketing sobre os tipos de vitaminas que estão à venda. O conteúdo deve sempre proporcionar um benefício ou valor para o leitor. Para obter mais informações sobre a estratégia de conteúdo, consulte o Capítulo 8: Conteúdo e Inbound Marketing.

Ligações de entrada

O link building é um conjunto de tácticas de SEO que resulta na criação de hiperligações de outros sites para o seu, com o objetivo de introduzir leitores externos no conteúdo da sua empresa. A quantidade e a qualidade das ligações de entrada são um fator importante nos algoritmos de classificação da pesquisa orgânica.

A mentalidade moderna mudou em relação aos links de entrada, de uma mentalidade de construção para uma mentalidade de ganho. Em vez de se concentrarem na criação excessiva de links, os melhores sites e marcas estão a trabalhar no desenvolvimento da sua voz e marca no mercado. Isto, combinado com a criação do melhor conteúdo, é uma abordagem ética e eficaz para aumentar o seu perfil e classificações de pesquisa com mais links. Para uma discussão pormenorizada sobre como abordar as hiperligações no atual contexto de SEO, consulte o Capítulo 8: Link Building muda para Link Earning.

Redes sociais

Muitos tradicionalistas de SEO demoraram algum tempo a compreender os verdadeiros benefícios das redes sociais no que diz respeito a uma estratégia de marketing de pesquisa orgânica, mas as redes sociais fazem muito mais do que simplesmente garantir que a sua empresa está a acompanhar a concorrência. As redes sociais oferecem às empresas uma plataforma adicional para interagir com os clientes, construir a sua marca e criar uma comunidade, ao mesmo tempo que conduzem tráfego para o seu sítio Web.

A estratégia para as redes sociais é diferente para cada empresa, dependendo do seu mercado-alvo e dos seus interesses. Por este motivo, nem todos os canais de redes sociais disponíveis podem ser benéficos para todas as empresas. É importante descobrir onde o seu público-alvo se encontra em linha e concentrar os esforços nessas redes sociais.

A otimização e o envolvimento nas redes sociais nem sempre foram um objetivo de SEO, mas deveriam ser. Enquanto as campanhas de SEO são realizadas principalmente para atrair novos clientes e aumentar a notoriedade de uma empresa nos resultados de pesquisa orgânica, as redes sociais centram-se na manutenção dos clientes e no reforço das relações com eles através do envolvimento estratégico.

Para concluir as nossas reflexões sobre o que é a SEO a partir de hoje: a melhor abordagem para considerar a SEO é como uma estrutura integrada que utiliza conteúdo regular de alta qualidade para estabelecer autoridade; redes sociais para ganhar tração para promoção; e concentrando-se em ganhar links para construir equidade a longo prazo com os motores de busca. Vamos agora explorar algumas das recentes actualizações do Google que estão a ter impacto na SEO e na forma como pensamos sobre a pesquisa.

Google Penguin, Panda e Hummingbird

Os algoritmos dos motores de busca baseiam-se numa premissa simples: os pesquisadores querem uma resposta às suas perguntas. Para qualquer pesquisa, existem centenas ou milhares de sítios que oferecem uma potencial ligação ou informação relacionada com a consulta. Consequentemente, os motores de pesquisa têm de cumprir três objectivos:

- Desqualificar todos os sítios que não são relevantes.
- Devolve uma lista de sítios relevantes.
- Classifique e dê prioridade a esses sítios por ordem de importância, para identificar os sítios mais relevantes.

Uma vez que nenhum fator isolado é suficiente para fornecer estas informações, o Google e outros motores de busca utilizam algoritmos complexos que combinam dezenas de factores. A fórmula exacta não é conhecida, mas é considerada uma série de tópicos. Estes incluem:

- **Autoridade das ligações:** Número de ligações de entrada, qualidade dos sítios, texto âncora utilizado
- **Factores na página:** Por exemplo, etiquetas de título, design móvel reativo, velocidade de carregamento da página
- **Métricas da marca:** Volume de pesquisa da marca, menções à marca, citações do nome da marca em relação a palavras-chave específicas
- **Conteúdo:** Qualidade e profundidade do conteúdo, frequência de actualizações de novos conteúdos,

leituras e partilhas nas redes sociais

Quando se pensa que já se compreendeu os pormenores específicos do algoritmo do Google, é importante ter em conta que estão sempre a ocorrer alterações. Ao compreender as tendências históricas do que mudou e ao manter-se a par da evolução das coisas, os proprietários de Web sites têm a melhor hipótese de desenvolver e implementar estratégias que conduzam a excelentes classificações a longo prazo. Para uma análise mais aprofundada dos factores de classificação dos motores de busca, consulte o inquérito anual da Moz sobre factores de classificação de pesquisa.

Principais actualizações recentes do Google

Navegar no panorama atual do Google requer não só um conhecimento geral dos algoritmos dos motores de busca e do seu funcionamento, mas também conhecimentos específicos das actualizações recentes. Nos últimos anos, o Google implementou uma série de alterações que afectaram particularmente os proprietários de sítios Web. Estas centraram-se em três áreas principais: conteúdo e usabilidade, a qualidade das hiperligações e a importância do telemóvel e da forma como pesquisamos. Eis uma análise mais detalhada de cada uma destas actualizações e o que precisa de saber para estar a par de tudo:

Panda

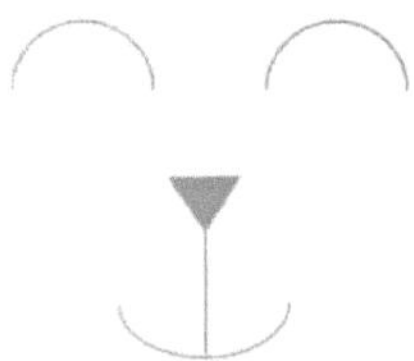

O Google Panda foi introduzido pela primeira vez em fevereiro de 2011 e, desde então, foram lançadas várias actualizações mais pequenas. O Panda deu início à discussão sobre o conteúdo, concentrando-se na eliminação de sites de baixa qualidade ou com pouco conteúdo em favor daqueles com conteúdo aprofundado e atualizado regularmente. O Panda também atacou os sítios com demasiada publicidade e má navegação, quando os ganhos comerciais eram claramente prioritários em relação à experiência do utilizador. Desde o Panda, a popularidade do marketing de conteúdos aumentou, com destaque para os blogues, os conteúdos no local, a criação de activos de conteúdos fora do local através de práticas como os blogues de convidados e a participação nas redes sociais.

Em julho de 2012, o Google forneceu uma série de perguntas para ajudar os webmasters a avaliar se os seus sites estavam em conformidade com as diretrizes de qualidade do motor de busca. A análise destas perguntas fornece a melhor noção dos tipos de problemas que o Panda aborda e dos tipos de violações susceptíveis de colocar os sites em apuros. As perguntas incluíam:

- Confia nas informações apresentadas neste artigo?
- Este artigo foi escrito por um especialista ou entusiasta que conhece bem o tema, ou é de natureza mais superficial?
- O sítio tem artigos duplicados, sobrepostos ou redundantes sobre o mesmo tópico ou tópicos

semelhantes com variações de palavras-chave ligeiramente diferentes?

- Sente-se à vontade para fornecer as informações do seu cartão de crédito a este sítio?
- Este artigo contém erros ortográficos, estilísticos ou factuais?
- Os tópicos são orientados por interesses genuínos dos leitores do sítio, ou o sítio gera conteúdos tentando adivinhar o que pode ter uma boa classificação nos motores de busca?
- O artigo apresenta conteúdo ou informações originais, relatórios originais, investigação original ou análise original?
- A página fornece um valor substancial quando comparada com outras páginas nos resultados de pesquisa?
- Qual é o nível de controlo de qualidade dos conteúdos?
- O artigo descreve os dois lados de uma história?
- O sítio é uma autoridade reconhecida no seu tópico?
- O conteúdo é produzido em massa por ou subcontratado a um grande número de criadores, ou está espalhado por uma grande rede de sítios, de modo que as páginas ou sítios individuais não recebem tanta atenção ou cuidado?
- O artigo foi bem editado ou parece desleixado ou produzido à pressa?
- Para uma questão relacionada com a saúde, confiaria nas informações deste sítio?
- Reconheceria este sítio como uma fonte fidedigna quando mencionado pelo nome?
- Este artigo fornece uma descrição completa ou abrangente do tema?
- Este artigo contém uma análise perspicaz ou informações interessantes que não são óbvias?
- É este o tipo de página que gostaria de marcar, partilhar com um amigo ou recomendar?

- Este artigo tem uma quantidade excessiva de anúncios que distraem ou interferem com o conteúdo principal?
- Estaria à espera de ver este artigo numa revista impressa, numa enciclopédia ou num livro?
- Os artigos são curtos, pouco substanciais ou carecem de pormenores úteis?
- As páginas são produzidas com grande cuidado e atenção ao pormenor ou com menos atenção ao pormenor?
- Os utilizadores queixar-se-iam quando vissem páginas deste sítio?

Pinguim

O Google Penguin foi a resposta do motor de busca às chamadas tácticas de SEO "blackhat" para criação de hiperligações, tendo sido lançado pela primeira vez em abril de 2012. Desde então, foram lançadas várias actualizações. As técnicas manipuladoras de criação de hiperligações que se

centravam na criação de hiperligações através de "esquemas de links" foram visadas. Estas incluíam a compra de hiperligações, a criação de sítios de menor dimensão apenas com o objetivo de criar hiperligações para um sítio principal, a troca de hiperligações, hiperligações de spam de comentários e tácticas semelhantes.

A era do Google Penguin exigiu que os proprietários de sites adoptassem uma visão muito mais severa sobre o link building. Espera-se que cada site, talvez pela primeira vez na história da SEO, conheça e seja dono do perfil de links do seu site. O volume, a qualidade, a fonte e o conteúdo dos links são, em última análise, da responsabilidade do proprietário do site. Se forem detectadas práticas duvidosas, os proprietários do sítio podem ser obrigados a auditar todo o seu perfil de hiperligações e a trabalhar para remover as hiperligações de má qualidade. Atualmente, ao criar ligações, é inteligente fazer perguntas como:

- Trata-se de um sítio de alta qualidade?
- É relevante para o meu tópico ou nicho?
- Qual é o aspeto do perfil de hiperligações desse sítio?
- Utilizarão texto âncora diverso para apontar para o meu sítio?

Beija-flor

O Hummingbird reforçou tudo o que tinha sido feito através do Google Panda e do Penguin, mas acrescentou duas dimensões específicas. Anunciado no final de 2013, o Hummingbird introduziu a importância dos dispositivos móveis na pesquisa. Pela primeira vez, os designs responsivos para dispositivos móveis assumiram claramente uma importância acrescida. Muitos argumentam que também é fundamental ter um design responsivo para dispositivos móveis.

21

estratégia de conteúdos: ou seja, partir do princípio de que os leitores vão aceder aos seus conteúdos a partir de uma variedade de dispositivos, incluindo smartphones e tablets, e criar os seus conteúdos com uma mentalidade mobile-first.

O segundo componente do Hummingbird, e talvez o mais interessante, foi a introdução da pesquisa contextual. Até o Hummingbird, os mecanismos de pesquisa normalmente interpretavam as consultas usando o que identificavam como as palavras-chave mais importantes de uma pesquisa. Mas com a introdução do Hummingbird, o Google começou a analisar a relação entre os termos para interpretar o contexto.

Muitos consideraram o Hummingbird uma evolução natural do desenvolvimento do Google e da proliferação de dispositivos móveis. Após 15 anos de atividade, o Google desenvolveu um gráfico de conhecimento incrivelmente rico e sofisticado (ou uma grande base de dados com toda a informação recolhida). À medida que cada vez mais utilizadores pesquisam em dispositivos móveis, as pesquisas estão a evoluir de consultas curtas orientadas por palavras-chave para serem estruturadas da forma como falamos e fazemos perguntas naturalmente. O Hummingbird está a ajudar a garantir que a Google está preparada para compreender e satisfazer essa procura.

Alterações do Google: Hoje e depois

As actualizações recentes deram o mote para o rumo que podemos esperar das futuras alterações. Há um foco crescente em conteúdo, links e presença móvel. Como evolução, espera-se que as futuras actualizações se concentrem em aperfeiçoar estas teorias e aumentar a precisão das actualizações. Por exemplo, muitos especialistas acreditam que uma futura atualização relacionada com os links do Penguin terá como alvo os blogues de convidados e este vídeo de Matt Cutts (http://www.mattcutts.com/blog/guest- blogging) parece confirmar isso mesmo.

Se estiver interessado em saber mais, existem várias estratégias que o podem ajudar a manter-se a par das últimas alterações. Seguir o blogue do Google, as actualizações das Ferramentas do Google para webmasters e o blogue pessoal de Matt Cutts são óptimos pontos de partida. Leia regularmente artigos sobre tendências do sector em sites como o Search Engine Journal para obter análises e perspectivas internas de profissionais de SEO.

Agora, vamos analisar mais de perto a pesquisa de palavras-chave e a forma como esta evoluiu à luz das funcionalidades de pesquisa mais sofisticadas do Google.

Capítulo 2

Pesquisa moderna de palavras-chave

Mesmo há cinco anos, a pesquisa de palavras-chave era relativamente simples. Os profissionais de marketing começavam com um conceito central em mente e desenvolviam uma lista de palavras-chave alvo. Em seguida, optimizavam as páginas do seu site em torno dessas palavras-chave. Cada página centrava-se numa única palavra-chave. À medida que as suas competências aumentavam, podia expandir para focar uma página em várias palavras-chave ou numa frase mais longa (também chamada de palavra-chave de cauda longa, conforme explicado abaixo). No entanto, a introdução do Google Hummingbird está a mudar o nosso foco para uma abordagem mais concetual ou tópica à otimização da pesquisa.

A importância crescente dos conceitos

Consideremos por um momento o filme Twilight. Se pesquisar "o filme com vampiros brilhantes", o Google apresenta resultados relacionados com o filme. Isto não se deve ao facto de estar a apresentar páginas que contêm as palavras "filme" e "vampiros brilhantes". Em vez disso, está a associar estes dois conceitos e a devolver a conclusão mais lógica: que está a perguntar sobre o popular franchise de filmes.

Muitos confundem isto com palavras-chave de cauda longa, que é um conceito que está mais ligado ao paradigma mais antigo de palavras-chave únicas. As palavras-chave de cauda longa são grupos de duas, três ou mais palavras-chave que se seguem umas às outras em sequência. Em vez de procurar por "ténis", pode procurar por "ténis para homem". Do ponto de vista da cauda longa, o Google optimiza as páginas que contêm as três palavras. Em teoria, obtém uma percentagem menor de tráfego, mas é mais direcionado e tem mais probabilidades de se adequar ao seu site, produtos e conteúdo.

Isto não elimina a importância das palavras-chave. Em primeiro lugar, muitas pessoas continuarão a procurar por -Twight" e é necessário centrar alguma da otimização técnica do seu sítio nas palavras-chave alvo. Mas a crescente sofisticação do Google no desenvolvimento da pesquisa concetual abriu muitas portas para os proprietários de sítios Web expandirem o seu alcance e ligarem-se a novos visitantes. Também pode ouvir falar disto como Indexação Semântica Latente ou palavras-chave LSI.

Os tipos de palavras-chave que interessam

Dependendo da forma como estrutura a sua pesquisa de palavras-chave, é provável que comece com um conceito central específico. Por exemplo, quando estava a localizar este livro como recurso, pode ter pesquisado simplesmente por -SEO'. À medida que constrói a sua lista de termos iniciais, rapidamente se expandirá para incluir uma série de palavras sinónimas e relacionadas. A sua lista de palavras-chave para SEO provavelmente cresceu para incluir otimização para motores de busca, marketing de conteúdos, marketing online e assim por diante. Qualquer boa ferramenta de pesquisa de palavras-chave pode ajudá-lo a determinar os termos relacionados, o que é útil porque pode ser combinado com o conhecimento do seu público para determinar os termos que os seus clientes e potenciais clientes estão a utilizar.

No entanto, existem outras formas de alterar as condições em causa:

1. **Intenção do pesquisador:** Considere a forma como pode abordar as pesquisas relacionadas com SEO, dependendo da sua intenção. Se estiver à procura de informações sobre "como fazer SEO" ou a contratar uma empresa - topSEO agency in Toronto" ou a responder a uma pergunta específica -What's the latest Google SEO update? Cada uma destas situações produz informações diferentes. Mesmo que produza informações sobre cada um destes tópicos, ligando as suas palavras-chave à intenção do utilizador, obterá uma conversão e um ROI muito melhores para o seu conteúdo.
2. **Contexto local ou de nicho:** Se estiver a concentrar-se numa área geográfica específica, esta é uma forma útil de modificar as suas palavras-chave. O contexto de nicho também pode ser importante; por exemplo, "recrutamento para a indústria do aço" é muito mais relevante para o seu público, se estiver a escrever para os detalhadores de aço, do que apenas "recrutamento".

O papel de (Não fornecido)

Uma das maiores alterações no mundo das palavras-chave é a modificação da política da Google relativamente ao fornecimento de acesso aos dados de palavras-chave dos pesquisadores. Em tempos, a Google disponibilizou todos os seus dados gratuitamente a qualquer pessoa que quisesse efetuar pesquisas de palavras-chave e uma série de ferramentas sofisticadas ligadas à API da Google para simplificar a pesquisa na base de dados.

Recentemente, a Google decidiu limitar o acesso aos termos de palavras-chave para os pesquisadores que estão ligados a uma conta Google (incluindo o Gmail e o Google Plus). Isto afectou a quantidade e a precisão dos dados que estão disponíveis na Web para os profissionais de marketing acederem. De acordo com o site NotProvidedCount.com, 82% dos dados do Google foram afectados. O que isto significa em termos práticos para os profissionais de marketing é que o acesso a relatórios na sua conta do Google Analytics apresentará algumas falhas nos dados de pesquisa orgânica e que terá de ter uma conta de publicidade do Google Adwords para utilizar qualquer informação proprietária do Google.

Ferramentas para pesquisa de palavras-chave

Existem várias ferramentas diferentes no mercado que podem ajudar a facilitar a sua pesquisa de palavras-chave. Algumas são gratuitas e outras oferecem funcionalidades mais personalizadas ou avançadas por uma taxa mensal. A nossa recomendação é simples: encontre a ferramenta que funciona para si e não se comprometa demasiado com um conjunto de resultados. Consultar pelo menos duas ferramentas em qualquer projeto importante de pesquisa de palavras-chave dar-lhe-á perspectivas diferentes. Aqui está uma lista parcial de algumas das ferramentas mais populares no mercado.

Ferramentas baseadas em sugestões, como o Google Suggest e o Ubersuggest.

Ferramentas dos motores de busca, incluindo o planeador de palavras-chave do Google AdWords, o Google Trends e a ferramenta de palavras-chave do Bing.

Ferramentas pagas e proprietárias, tais como:

- Espião de palavras-chave
- Fluxo de palavras
- Planeador de visualização do Google
- Ferramentas de palavras-chave do livro de SEO
- Google Trends
- Soovle
- SEMrush

Mitos comuns sobre palavras-chave

Otimizar para uma palavra-chave de cada vez

A estratégia de palavras-chave que funcionava em 2005 já não funciona atualmente. A otimização das suas páginas para uma única palavra-chave leva a que se percam oportunidades importantes, incluindo uma melhor orientação através de termos de cauda longa e a construção de conceitos de palavras-chave.

Densidade da palavra-chave

Em tempos, a SEO foi construída com base na ideia de que havia uma fórmula mágica de palavras-chave que indicava a frequência com que uma palavra-chave devia ser utilizada. A densidade de palavras-chave é um conceito surpreendentemente persistente, apesar do facto de não ter qualquer mérito no contexto desta era. Em vez disso, certifique-se de que utiliza as suas frases-chave no seu conteúdo com frequência suficiente para que estejam presentes, mas com habilidade suficiente para que pareça totalmente natural.

Recheio

O keyword stuffing é a utilização excessiva de palavras-chave de forma não natural nos metadados ou no conteúdo do seu site (por exemplo, pense numa etiqueta de título que diga -SECSearch Engine Optimization SEO SEO"). Trata-se de uma má prática, que afasta os leitores e pode levá-lo a ser penalizado ou excluído dos motores de busca.

Nomes de domínio ricos em palavras-chave

De acordo com uma publicação no blogue de um gestor de produto sénior do Bing, os nomes de domínio ricos em palavras-chave já não conferem muito, ou nenhum, valor aos domínios. Em vez de se concentrar em nomes de domínio ricos em palavras-chave (por exemplo, myfavoriteredsneakers.com), é melhor escolher um nome de domínio de marca que possa ajudar a criar autoridade e reconhecimento da marca.

Desconsideração de palavras-chave

Há também uma subsecção do mundo SEO que acredita que as palavras-chave são passadas e já não têm valor. Esta perspetiva também está errada. As palavras-chave, tal como todas as outras áreas de SEO, estão a evoluir e os profissionais de marketing têm de ser mais inteligentes em termos de pesquisa, aplicação e acompanhamento de métricas. Mas, fundamentalmente, as palavras-chave continuam a ser a moeda principal dos motores de busca.

Uma pesquisa sólida de palavras-chave continua a ser um componente crítico e fundamental de qualquer estratégia de SEO bem-sucedida. Se pretender mais informações sobre como efetuar a pesquisa de palavras-chave passo a passo, recomendamos O guia definitivo para utilizar a ferramenta Planeador de palavras-chave do Google para pesquisa de palavras-chave. Com bons dados de palavras-chave de SEO, é possível passar para a criação de um site que seja fácil de classificar. Em seguida, exploraremos o que é necessário ter em mente em relação ao design e à otimização na página para o cenário moderno de SEO.

Design e otimização na página - os blocos de construção

Uma boa campanha de SEO é construída sobre uma base técnica sólida. Isto significa que a estrutura básica do seu sítio Web e os elementos de SEO na página estão optimizados. O seu design, com um foco específico nas experiências do utilizador no computador e no telemóvel, também desempenha um papel importante. É fácil perder-se no mundo do marketing das redes sociais e do desenvolvimento de conteúdos e esquecer que, a menos que os componentes principais estejam implementados, todo o trabalho externo ou mais avançado que fizer pode ser em vão.

A diferença entre otimização on-page e off-page

Antes de avançar, é útil definir a diferença entre otimização on-page e off-page. A otimização na página é o que acontece do ponto de vista de SEO no seu próprio Web site. Isto inclui a forma como estrutura o seu sítio Web, como rotula os seus URL, a gestão dos seus metadados e o conteúdo na página. A otimização fora da página são as actividades que realiza no resto da Internet para promover o seu sítio, como a criação de ligações e a promoção nas redes sociais. Invista tempo no início para estruturar o seu conteúdo on-page de modo a que a sua promoção off-page tenha um efeito máximo.

Elementos de otimização na página que são importantes

A otimização on-page é menos sexy do que os factores off-page, por isso, muitas vezes, é pouco abordada nas conversas sobre SEO. Uma grande percentagem da otimização on-page é estrutural e técnica, e não parece produzir resultados imediatos. No entanto, saber quais os factores de otimização na página que têm realmente impacto pode ajudá-lo a concentrar-se e a obter os melhores resultados possíveis com os seus conteúdos e esforços na Web.

- **Conteúdo atualizado com frequência:** O conteúdo do seu sítio Web e a frequência com que o actualiza continuam a desempenhar um papel importante na classificação do seu sítio. Uma das formas mais simples de o conseguir é através de um blogue atualizado regularmente. A estratégia ideal seria atualizar diariamente, mas crie e estabeleça um horário que possa cumprir.

- **Integração da autoria do Google:** A autoria e a autoridade têm sido um tema quente durante algum tempo no mundo SEO. Não é de admirar que tenha levado a algumas preocupações quando o Google puxou o plugue do Authorship. Mas em uma entrevista com Loren Baker durante o Pubcon 2014, Casey Markee disse que o -Athor Rank" ainda está muito vivo, apesar do fim do Google Authorship. Isso porque o motor de busca procura continuamente por "chaves" para servir conteúdo de autores de alta qualidade e especialistas qualificados.
- **Etiquetas de cabeçalho:** A forma como utiliza as etiquetas de cabeçalho no seu conteúdo também desempenha um papel importante na forma como esse contexto é indexado. Cada página deve ter uma etiqueta H1 que inclua a sua palavra-chave, bem como etiquetas H2. A utilização da palavra-chave deve ser natural, mas presente.

- **Etiquetas de título:** As etiquetas de título continuam a ser essenciais por dois motivos. Se estiverem de acordo com a mensagem e incluírem os seus conceitos principais, as etiquetas de título ajudam-no a ser classificado para o conteúdo adequado. Mas escrever para os motores de busca não é suficiente: as etiquetas de título são o que aparece nos resultados da pesquisa. As etiquetas de título devem ser aliciantes, com um claro apelo à ação para levar os pesquisadores a clicar e ler mais.
- **Elementos de marketing local:** Se a sua empresa tem uma componente geográfica, os seus elementos na página são fundamentais. Estes incluem mapas locais, detalhes de contacto e integração com fontes de dados como o FourSquare.
- **Alt tags:** As etiquetas alt que utiliza nas suas imagens desempenham um papel importante na sua estratégia de SEO e de acessibilidade. As etiquetas Alt são utilizadas para ajudar os utilizadores com deficiências visuais a navegar nos sítios Web. Também ajudam a determinar para que servem as suas imagens e dão ao seu sítio uma oportunidade de se classificar na Pesquisa de imagens do Google.

Os elementos de uma boa experiência do utilizador

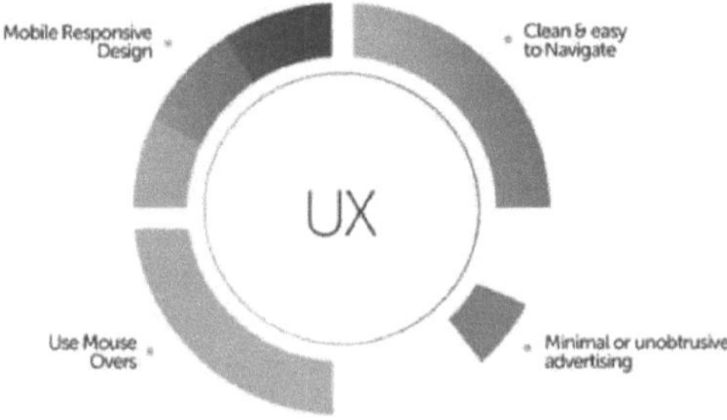

O outro componente de uma estratégia on-page bem sucedida é o design e a estratégia geral de experiência do utilizador. Quão fácil é para os utilizadores encontrarem o que procuram no seu site? Por vezes, pode parecer que as preocupações com a SEO, a visão artística e a experiência do utilizador colocam exigências contraditórias na forma como organiza e concebe o seu sítio. Quando se acrescenta o crescente enfoque na marca e no design profissional, torna-se claro que os proprietários de sítios Web estão a pedir retornos significativos num único design de sítio Web. Há uma série de áreas em que se deve concentrar no seu design para que este apoie os seus objectivos de SEO, em vez de os prejudicar:

- **Limpo e fácil de navegar:** Um sítio globalmente limpo e fácil de navegar que facilite aos utilizadores a conclusão dos seus objectivos é importante para a SEO. Isto é particularmente verdadeiro no caso das revisões manuais, quando um design desorganizado ou pouco profissional pode fazer com que o seu sítio perca classificações.
- **Publicidade mínima ou discreta:** A publicidade é outro fator que tem um impacto potencialmente negativo na experiência do visitante. Não há qualquer problema em ter componentes de publicidade ou de monetização no seu sítio, mas o valor deve estar em primeiro lugar e só depois a publicidade. Isto aplica-se ao seu design, bem como ao seu conteúdo. O seu design tem de equilibrar estes dois elementos.

- **Design responsivo para telemóveis:** A introdução do Mobilegeddon colocou uma tónica crescente no design móvel. Qual é o aspeto do seu sítio Web quando é visualizado num tablet ou num smartphone? Está optimizado para a vasta gama de dispositivos móveis existentes no mercado, incluindo dispositivos Apple e uma variedade de dispositivos Android? O desempenho do seu site em dispositivos móveis tem agora um impacto na classificação do seu site. O funcionamento dos sites em dispositivos móveis vai ser um fator de classificação muito importante e um fator de mudança de jogo.
- **Utilizar o cursor do rato:** Se o seu design é bonito e orientado para a imagem, pode pensar que isto tem o custo da otimização de SEO. Mas técnicas como o mouse-over permitem-lhe combinar a utilização de gráficos com texto alternativo que aparece quando alguém coloca o cursor sobre essa parte do sítio. Isto permite-lhe mostrar detalhes como -10%)ff' ou outras chamadas à ação para o utilizador, e também torna estes factos indexáveis pelos motores de busca.

Gerir o design do seu site numa perspetiva de construção de marca e de SEO pode ser um desafio. Mas os investimentos nestes elementos técnicos preparam o seu sítio para o sucesso futuro. Depois de compreender estes conceitos, está na altura de analisar melhor o seu público e as estratégias e ferramentas para o conhecer. Um conhecimento sólido do público formará a base para todas as ferramentas que exploraremos mais adiante no livro.

Conhecer o seu público

Um dos aspectos mais importantes de uma forte campanha de marketing - digital ou outra - é conhecer o seu público. No final do dia, a SEO e o marketing online têm a ver com a ligação com clientes e potenciais clientes. Compreender quem eles são facilita-lhe a tarefa de o fazer eficazmente a vários níveis. A investigação estratégica e o tipo certo de análise podem criar ferramentas que facilitam a compreensão de com quem está a trabalhar, informando tudo, desde a linguagem que utiliza nos seus textos e nas actualizações das redes sociais até à forma como concebe o seu sítio Web e outros produtos digitais.

Desenvolvimento de avatares de clientes

Uma abordagem para desenvolver uma melhor imagem de quem são os seus clientes envolve a criação de avatares de clientes. Em termos simples, um avatar de cliente é uma personificação do seu cliente típico. É uma abordagem que pode ajudá-lo a captar tudo o que precisa de saber sobre um potencial cliente ou cliente, como por exemplo

- Informações demográficas básicas, como a idade, o sexo, o rendimento, o estado civil, a localização geográfica, etc.
- Factores demográficos mais complexos que podem ter impacto na compra, como a sua situação de vida ou o tipo de carreira em que trabalham
- O seu estilo de compra, como Investigador Detalhado ou Comprador por Impulso
- O problema emocional ou mental subjacente que estão a tentar resolver, em relação aos seus produtos ou serviços
- Benefícios e marcas que valorizam e que fator(es) têm em grande consideração no processo de compra (ou seja, quem é a concorrência e o que pensam dela? O que é que eles valorizam quando estão a avaliar o seu espaço de produto?)
- A linguagem que utilizam para descrever as questões em causa
- Quais os tipos de provas e de apoios em que confiam, desde porta-vozes de celebridades a análises aprofundadas de consumidores
- As publicações, os espectáculos e as plataformas de redes sociais onde passam o tempo

E assim por diante. No final do processo, os profissionais de marketing acabam por ter uma imagem que se assemelha à seguinte:

Anne é uma mãe de três filhos que fica em casa e vive no noroeste do Pacífico. As suas maiores preocupações ao comprar produtos para a roupa são o orçamento e a saúde e segurança. Ela também espera que o produto seja eficaz, mas considera isso um óbvio não negociável. Ela pesquisa marcas lendo blogues de mães, publicações sobre o ambiente e falando com os amigos. No entanto, não está acima de uma compra por impulso, se encontrar um bom negócio num novo produto de uma empresa em que confia ou de que já ouviu falar.

O termo "avatar de cliente" é emprestado de uma história bem estabelecida de segmentação de clientes e personas em estudos de mercado. Normalmente, uma empresa de estudos de mercado reúne uma grande quantidade de dados sobre o seu público e procura padrões. Os padrões que surgem são agrupados em clientes semelhantes e a cada um desses segmentos é dado um nome relacionado com o seu estatuto ou comportamento. Estes termos descritivos podem variar entre "O fabricante caseiro de cerveja artesanal" e "O empreendedor relutante da geração do milénio". Outra abordagem atribui um nome a cada segmento, de modo a obter -Carol, a cervejeira artesanal" e -Tyon, o empreendedor milenar relutante".

Os avatares de clientes permitem-lhe criar uma persona de base para quem está a tentar atrair. Dependendo das complexidades da sua empresa ou do seu público, pode ter vários avatares que correspondem a diferentes segmentos de clientes. O processo de criação dos avatares pode proporcionar-lhe uma forma sistemática de obter informações sobre os seus clientes, enquanto os avatares podem constituir um ponto focal para os esforços da sua equipa de marketing.

As informações de que necessita e onde as pode encontrar

Iniciar o processo de criação de um avatar de cliente pode ser um desafio. Existem vários modelos disponíveis que o podem orientar. Existem três abordagens fundamentais para recolher mais dados sobre os seus clientes ou potenciais clientes. A maioria dos perfis de público-alvo é criada utilizando uma combinação destas diferentes fontes, em vez de um único ponto de dados.

Informações sobre clientes existentes

É possível que já disponha de uma grande variedade de informações sobre os seus clientes e alvos, desde dados demográficos e pormenores de compra a pesquisas anteriores e análises de sítios Web. Inicie o seu processo reunindo toda a informação que tiver à mão e analisando-a. Isto dar-lhe-á um ponto de partida valioso e também o ajudará a identificar lacunas de conhecimento e linhas de investigação adicionais.

Investigação alargada

A Web fornece uma vasta gama de fontes onde pode aprender mais sobre os seus alvos, desde observá-los nas redes sociais até ler as publicações que eles lêem. A observação e a recolha de dados são um passo importante para dar corpo a alguns dos pormenores menos tangíveis sobre a forma como o seu público estrutura as conversas, discute os seus problemas mais prementes e a linguagem e o vocabulário que lhes dá eco.

Conversas com os clientes

Se tiver uma pergunta crítica e não conseguir encontrar a resposta, pergunte. As entrevistas a clientes, os grupos de discussão, os inquéritos e as conversas informais com clientes e potenciais clientes podem produzir conhecimentos essenciais que lhe permitem resolver um problema importante ou fazer uma grande descoberta em termos de como servir o seu público.

Perfis do público e os três pilares

Outra forma de pensar nos perfis de público é através da lente dos Três Pilares da SEO. Se tem dificuldade em perceber a relevância dos avatares para o seu negócio, vejamos como podem informar os seus esforços em cada uma das áreas-chave. Também pode considerar o contrário: se tiver dificuldades em qualquer uma destas áreas ou em cada uma delas, um avatar pode dar-lhe uma perspetiva diferente e um ponto de partida para a criação de conteúdos e o envolvimento.

Conteúdo

O conteúdo só é eficaz se falar com o leitor. Os perfis dos seus clientes ajudarão a esclarecer para quem está a escrever, quais os tópicos a focar, a linguagem, o posicionamento e os apelos à ação que são eficazes e onde deve publicar para garantir que os seus materiais são vistos.

Marketing nas redes sociais

As redes sociais são um espaço vasto, desde as principais redes a sítios de nicho. Compreender o seu público ajudá-lo-á a escolher as redes certas para estar ativo, o tom a adotar e a forma de criar conteúdos que estabeleçam ligações e promovam o nível certo de envolvimento.

Ligações

Os perfis do público podem ajudá-lo a criar um ciclo de aprendizagem simples que informa os seus esforços de ligação. Compreender o seu público ajuda-o a direcionar o seu conteúdo e os seus esforços de divulgação para os sites e publicações que lhes interessam e que têm maior probabilidade de ler e confiar. Um efeito secundário deste facto é que também escolherá publicações de autoridade que estejam verdadeira e significativamente ligadas ao tópico em que se está a estabelecer. Isto tem implicações positivas tanto para os motores de busca como para a construção de audiências.

Perfis de público-alvo e pesquisas de palavras-chave

Existe uma ligação importante entre compreender realmente o seu público e encontrar as palavras-chave que fornecem a base correta para o seu marketing e SEO. As pesquisas de palavras-chave são altamente individuais, reflectindo o vocabulário e as intenções de um utilizador. Por vezes, a relação é tão simples como compreender a forma como dois potenciais clientes falam do mesmo produto, por exemplo, esparguete e massa. Ambos os termos se referem potencialmente à mesma coisa, mas se não souber qual deles o seu público utiliza, está a perder uma grande oportunidade. Não se trata apenas de gerar uma lista enorme de possibilidades de palavras-chave; trata-se de ter os dados para filtrar e priorizar essas possibilidades de forma a estabelecer uma ligação significativa com o seu público.

Compreender o seu público também o pode ajudar a filtrar a intenção de compra. Existem dois tipos principais de palavras-chave, palavras-chave informativas e palavras-chave intencionais. As palavras-chave informativas são simples e estão ligadas a um desejo de aprender mais sobre um tópico específico, por exemplo, "O que é SEO?". Outras palavras-chave indicam que o utilizador tem uma intenção clara de comprar ou de avançar com um processo específico. Considere, por exemplo, "Melhor agência de SEO em Boston". Este pesquisador está provavelmente à procura de falar com alguém e saber mais, provavelmente com a intenção de contratar. Um olhar mais atento ao percurso de compra do seu cliente dar-lhe-á informações sobre cada etapa do processo e permitir-lhe-á associar isso às suas pesquisas de palavras-chave de uma forma significativa.

Discriminação do perfil do cliente

Uma última nota sobre os perfis dos clientes. É frequente ouvir falar de organizações que passam pelo processo de criação de perfis de público, apenas para os verem numa prateleira a ganhar pó. Como qualquer ferramenta, os perfis de público só são úteis se forem bem criados e utilizados. Eis uma análise mais detalhada de algumas das razões pelas quais os avatares não têm impacto na empresa:

1. **Falta-lhes uma base de dados:** Os perfis dos clientes têm de se basear em dados reais. Não importa o quão criativas e cativantes sejam as suas descrições se não oferecerem conhecimentos profundos e acionáveis sobre a mentalidade e os comportamentos do seu público. Crie perfis sólidos com base em dados de clientes, pesquisas aprofundadas, entrevistas e inquéritos.

2. **Não são completos:** Há uma série de fontes diferentes para recolher dados sobre os clientes. Se basear os seus perfis em fontes limitadas, pode não obter as informações que realmente dão vida aos seus clientes. Considere um perfil escrito por um vendedor com experiência anedótica de clientes. Quão mais rico será esse perfil se integrar a análise do sítio Web, dados de relatórios de estudos de mercado e dados de grupos de discussão?
3. **São só dados e não têm alma:** Também pode cair no problema de os seus perfis serem simplesmente uma lista de dados. -O perfil de um cliente é uma lista de dados: "Malel 8-25, vive na Costa Oeste, rendimento inferior a 50.000 dólares por ano", mas não consegue captar as informações de que a sua equipa necessita para efetuar uma venda. Se os seus perfis não permitirem uma análise mais significativa do contexto e da motivação, isso limitará a sua utilidade.
4. **Não são valorizados:** Por último, algumas empresas simplesmente não criam uma cultura em que os avatares sejam partilhados e valorizados. Isto começa com a formação. Certifique-se de que todos os membros da sua equipa compreendem como são criados os perfis dos clientes, como são utilizados e têm acesso aos dados. Trate-os como um ponto de partida valioso, e eles acrescentarão profundidade e valor aos seus esforços de mercado.

Uma sólida compreensão da sua base de clientes informa tudo o que faz, desde os esforços de ligação ao marketing de conteúdos e às redes sociais. Com isto em mente, vamos analisar mais de perto a forma como as práticas de ligação modernas tomam forma e o que precisa de saber para criar uma estratégia de SEO eficaz centrada na ligação.

Link Building muda para Link Earning

As hiperligações têm sido um pilar da SEO desde que a disciplina surgiu. Com a ascensão dos meios de comunicação social e do marketing de conteúdos, é fácil imaginar um mundo em que as hiperligações - que são talvez o fator mais fácil de manipular em SEO - sejam eliminadas.

Mas num vídeo publicado em fevereiro de 2014 (https://www.youtube.com/watch?v=NCY30WhI2og), Matt Cutts, da Google, põe fim a essa ideia. O Google fez uma experiência em que ofereceu resultados de pesquisa baseados em todos os factores do atual algoritmo de pesquisa, exceto os backlinks. Os resultados foram, de acordo com Cutts, terríveis. Os links continuam a ser um indicador importante de qual o conteúdo que é relevante e importante. Eis o que precisa de saber sobre as actuais abordagens de construção de ligações.

Tácticas actuais de "Link Building

A construção de links foi significativamente afetada pelo lançamento do Google Penguin. Anteriormente, muitos especialistas em SEO concentravam-se em criar o maior número possível de links de diferentes domínios. Prestava-se menos atenção à qualidade dos links, à qualidade dos sites, à diversidade do texto âncora e à forma como esses links eram criados. De facto, esquemas completos como as rodas de links (criação de um anel de sítios com o único objetivo de criar redes de links) tornaram-se comuns. Quando o Google recuou, muitos sítios sofreram consequências significativas.

As técnicas que tinham funcionado no passado, apesar de algumas terem sido reconhecidas como um pouco obscuras, foram objeto de um exame minucioso. Uma longa lista de abordagens caiu rapidamente na lista -Link Buding Tactics to Avoid".

5 Tácticas de Link Building que estão mortas

- Ligações de compra
- Ligações comerciais
- Rodas de ligação
- Utilizar redes de blogues
- Tudo o que cheirasse a spam, como comentários excessivos ou de má qualidade em blogues e marketing de artigos
- Ligações de sítios de baixa qualidade ou irrelevantes

Da criação de links ao ganho de links

Houve uma mudança de paradigma que ocorreu como resultado, passando da construção de links através das tácticas acima (ou abordagens mais éticas) para pensar em ganhar links. Por outras palavras, pode ganhar links:

- Criar um conteúdo épico que fosse tão cativante que as pessoas se ligassem naturalmente a ele no decurso do seu trabalho editorial e em linha;
- Promover o seu conteúdo para que chegue às pessoas certas, que são naturalmente motivadas a partilhar e a ligar ao seu conteúdo;
- Construir relações que dêem aos influenciadores do seu espaço conforto no facto de o seu trabalho ser de alta qualidade e suficientemente valioso para ser partilhado.

Ganhar links continua a exigir uma abordagem estratégica, mas não se trata tanto de criar estruturas artificiais que resultem em links ou de tratar os links como um jogo de números. O foco, como noutras áreas de SEO, está na qualidade e no valor. Ainda assim, há um lugar ativo para a construção: em vez de se concentrar na construção de links, concentre-se na construção da sua marca. Se estiver a criar conteúdo de alta qualidade que está a colocar em pontos de venda prioritários, as hiperligações seguir-se-ão naturalmente como um subproduto desse trabalho.

Como avaliar a qualidade de uma ligação

A atualização Penguin do Google sublinhou a importância da qualidade dos seus links. Nada pode prejudicar a credibilidade e as classificações do seu site mais rapidamente do que links incompletos. Como resultado, é fundamental avaliar a qualidade de um potencial link se estiver a trabalhar para cultivar essas ligações. Aqui está um guia rápido de perguntas a fazer antes de procurar ativamente um link para o seu site:

- O sítio é topicamente relevante para o meu conteúdo?
- O design e a organização são limpos e profissionais?
- Qual é a qualidade do conteúdo que publica?

- O sítio está cheio de publicidade?
- O sítio tem uma comunidade ativa, tal como evidenciado pelos comentários, envolvimento nas redes sociais e menções?
- Qual é o perfil das hiperligações de entrada?
- Existe uma mão editorial clara a trabalhar no desenvolvimento e seleção de conteúdos?
- Sentir-me-ia à vontade para associar a minha marca a este sítio?

Ao desviar o seu foco das tácticas que constroem links e, em vez disso, investir em ganhá-los, está a criar uma base que o ajuda a atrair links das principais autoridades no seu espaço. Uma das melhores estratégias para fazer isso é através do marketing de conteúdo; no próximo capítulo, veremos mais de perto o que você precisa saber sobre marketing de conteúdo e estratégias de entrada que funcionam.

Capítulo 3

Conteúdo e Inbound Marketing

O conteúdo e o inbound marketing ganharam destaque nos últimos anos. Em tempos, o conteúdo foi considerado necessário, mas menos importante do que a criação de ligações e outras tácticas que atraíam tráfego. Atualmente, os conteúdos de elevada qualidade são a pedra angular das suas interações com os clientes e a forma como os sítios alcançam as melhores classificações.

O marketing de conteúdos tornou-se sinónimo de inbound marketing, ou seja, o conceito de que os conteúdos de qualidade são a melhor forma de atrair clientes, ligações e interação social. Na esfera do inbound marketing, os profissionais de marketing concentram-se na criação de conteúdos sólidos para o sítio Web, actualizações das redes sociais, campanhas de marketing por correio eletrónico e muito mais. O conteúdo de elevada qualidade e autoridade constrói a sua marca e visibilidade, e as páginas de destino cuidadosamente concebidas utilizam um texto persuasivo e fortes apelos à ação para fazer avançar os potenciais clientes através do funil de compra. Eis uma análise mais detalhada do que as empresas precisam de saber sobre marketing de conteúdos.

O que é considerado conteúdo?

O conteúdo refere-se a uma vasta gama de ferramentas criativas que a sua empresa cria para educar, atrair e encantar os clientes. Inclui, mas não se limita a:

- Conteúdo da página Web
- Publicações no blogue
- Artigos e mensagens de convidados
- Actualizações das redes sociais
- E-books, livros brancos e relatórios
- Apresentações
- Brochuras, folhas de dicas e FAQs sobre produtos
- Páginas de vendas
- Vídeos e micro-vídeos
- Imagens, infografias e GIFs animados

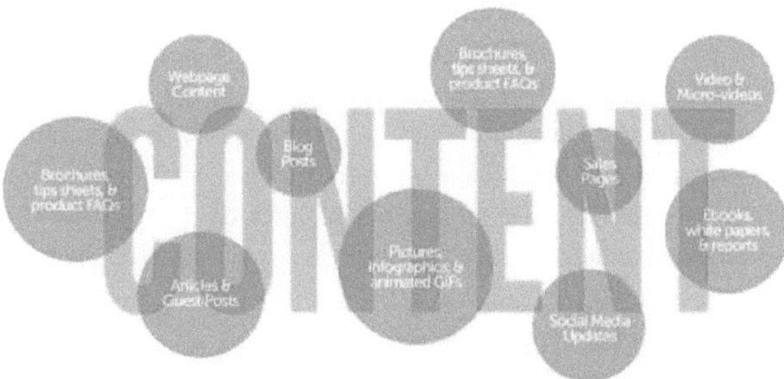

Escolher os tipos de conteúdo mais adequados para os seus clientes e para atingir um objetivo comercial específico é o cerne de um marketing de conteúdos eficaz. A experimentação é uma das melhores formas de encontrar a sua voz no mercado, tanto no seu sítio como no panorama digital mais vasto. Não tenha medo de experimentar formatos diferentes até descodificar a abordagem mais adequada à sua situação específica.

A diferença entre conteúdos no local e fora do local

A discussão sobre conteúdo no local versus conteúdo fora do local levanta uma questão simples, mas importante: que tipo de conteúdo o vai posicionar melhor para o sucesso de SEO? Se está a escrever um bom conteúdo, deve publicá-lo no seu próprio site ou noutros sites com um link para a sua própria página inicial? A resposta é, obviamente, ambas.

Conteúdo fresco e de qualidade no seu próprio sítio é a pedra angular das estratégias de marketing de conteúdo mais bem sucedidas. É importante ter peças emblemáticas no seu próprio sítio que o ajudem a classificar-se para as principais palavras-chave e conceitos fundamentais da sua empresa. O conteúdo externo é uma das melhores formas de ganhar visibilidade para o seu conteúdo e marca. Fazer as duas coisas em conjunto criará as sinergias que o tornam naquilo a que Laura Roeder chama -busiess famous".

Blogues convidados para a construção da marca

Nos últimos dois ou três anos, uma técnica que tem ganho força é o guest blogging. A ideia era simples: encontrar um site relacionado com o seu nicho e oferecer-se para contribuir com um post em troca de um link para o seu site. À primeira vista, é uma forma eficaz e relativamente inofensiva de atingir os seus objectivos. Mas, como tudo em SEO, tem o potencial de ser abusado e foi exatamente isso que aconteceu. Surgiu uma indústria à volta dos blogues de convidados que era duvidosa e cheirava aos abusos do marketing de artigos das décadas passadas.

O pânico instalou-se quando Matt Cutts lançou um vídeo em que explorava a forma como o guest blogging tinha sido mal utilizado, chegando mesmo a dizer que, se está a utilizar o guest blogging para SEO e link building, está na altura de parar. Se está a fazer guest blogging de baixa qualidade com conteúdo de baixa qualidade em sites de baixa qualidade, esta é uma chamada de atenção importante.

Há, no entanto, uma ressalva importante a este respeito. Há uma série de razões pelas quais os proprietários de sites e os empresários devem continuar com os blogues de convidados - mas não é para construir links ou para obter benefícios diretos de SEO. Em vez disso, é para se concentrar na construção da marca. Um dos maiores benefícios dos blogues de convidados é fazer com que o seu material chegue a novos públicos. Quando os leitores vêem o seu material num blogue de que gostam e em que confiam, é provável que o revejam. Isto gera tráfego, envolvimento, novos seguidores e, potencialmente, clientes e ligações. Mas pense nos blogues de convidados como um esforço de construção de marca e tenha cuidado ao escolher os sítios a que associa a sua marca.

Promover o conteúdo que cria

Um dos aspectos mais importantes de qualquer estratégia de marketing de conteúdos é o desenvolvimento da sua estratégia de promoção de conteúdos. Se ninguém vir o conteúdo que criou, o seu valor é limitado. Embora possa ser encontrado através da pesquisa orgânica, é possível adicionar combustível de foguetão ao seu conteúdo fazendo alguma promoção estratégica. Isto tem duas vantagens: os subprodutos das hiperligações e das partilhas podem ajudar o seu desempenho orgânico e, ao mesmo tempo, diminuir a sua dependência de esperar que os motores de busca reparem e promovam o seu conteúdo. Eis algumas abordagens diferentes que são eficazes para que o seu conteúdo seja notado:

- **Promoção nas redes sociais:** Promova o seu conteúdo através dos seus canais sociais. Facilite a partilha por parte dos leitores, incluindo botões de partilha social e um apelo à ação que os encoraje a partilhar o conteúdo se o tiverem apreciado.
- **Ligue-se à conversa mais alargada:** Utilize as funcionalidades das redes sociais, como as hashtags, para ligar o seu conteúdo à conversa mais alargada que está a decorrer sobre os seus tópicos. Sítios Web como hashtags.org podem ajudá-lo a encontrar as hashtags certas para promover o seu conteúdo.
- **Inclua no seu boletim informativo:** Os subscritores de newsletters prestam frequentemente atenção a coisas diferentes das pessoas nos seus feeds sociais. Envie periodicamente resumos de conteúdos excelentes (os seus e os de outras pessoas que selecionou) para dar mais visibilidade aos seus conteúdos.
- **Contacto direcionado com influenciadores:** Outra estratégia que é extremamente útil para chamar a atenção para o seu conteúdo é o acompanhamento de influenciadores no seu espaço. Se o seu conteúdo for verdadeiramente relevante para o público deles e de elevado valor, uma partilha ou um e-mail pessoal pode dar-lhes a conhecer o seu trabalho e levá-los a promovê-lo junto do seu público.

Uma tática importante para promover o seu conteúdo é o marketing nas redes sociais. No próximo capítulo, analisaremos as estratégias para uma promoção e envolvimento eficazes nas redes sociais.

Marketing nas redes sociais

O papel das redes sociais na SEO é, desde há muito, uma fonte de controvérsia. O seu poder de mobilizar e ligar os utilizadores é inegável, com várias redes a atingirem centenas de milhões de utilizadores. Para as pequenas empresas, o potencial para alcançar clientes e potenciais clientes é incomparável. Mas, numa perspetiva de SEO, será que as redes sociais têm realmente impacto nas classificações de pesquisa? Esta foi a causa de muita especulação até uma revelação de Matt Cutts: Os sinais sociais do Twitter e do Facebook não são utilizados pelo Google (https://www.youtube.com/watch?v=udqtSM-6QbQ).

A razão era simples: se o algoritmo do Google foi criado para depender do acesso a essas redes, poderiam surgir problemas se essas redes negassem o acesso às tentativas do Google de indexar as páginas. Havia também o desafio potencial de capturar informações de identidade desactualizadas e de as comunicar incorretamente. Como resultado, as páginas das redes sociais são tratadas em grande parte da mesma forma que qualquer outro site, com algumas possíveis excepções que discutiremos abaixo.

As vantagens do marketing nas redes sociais

Embora a maioria das suas actividades nas redes sociais possa não estar a contribuir diretamente para a classificação do seu site nos motores de busca, existem inúmeros benefícios para as empresas com presenças activas nas redes sociais. O marketing nas redes sociais tem várias vantagens significativas:

- **Aumenta o conhecimento da marca:** A participação estratégica nas plataformas certas é uma excelente forma de participar na conversa do seu sector, colocar o seu nome à frente de potenciais clientes e construir relações que tenham impacto no seu negócio.
- **Dá à sua marca uma sensação orgânica e humana:** Para muitas empresas, a comunicação é formal e rígida. As redes sociais requerem uma abordagem diferente e podem ser um canal que a sua marca utiliza para comunicar de forma mais descontraída e acessível. É uma óptima forma de humanizar a sua marca, especialmente através de conversas que evoluem de uma forma mais orgânica.
- **A capacidade de ouvir:** As redes sociais são excelentes como plataforma para partilhar conteúdos e incentivar os seus fãs e seguidores a amplificá-los. Mas o valor das redes sociais só pode ser aproveitado quando são tratadas como uma conversa nos dois sentidos. A escuta social permite-lhe monitorizar as menções à marca e observar as discussões mais importantes que estão a acontecer em torno do seu espaço.
- **Facilita o marketing boca-a-boca:** Uma campanha que estimule a partilha é uma das melhores formas de catalisar o marketing boca-a-boca.
- **Proporciona-lhe um meio através do qual pode comunicar com os seus clientes e potenciais clientes:** Uma das principais vantagens da interação social é o facto de lhe proporcionar um método de baixo custo e com poucas barreiras à entrada para comunicar com clientes e potenciais clientes. Quer esteja a partilhar conteúdos de qualidade ou a promover

uma venda, o seu alcance aumenta consideravelmente com a sua participação nas redes sociais.

- **Aumenta a fidelidade do cliente:** Quando os clientes são regularmente expostos à sua marca e aos seus materiais, isso ajuda a posicioná-lo como líder e especialista na sua área. Quanto mais interagirem consigo e virem as suas actualizações, mais se constrói o tipo de lealdade que se traduz em relações e vendas.
- **Aumenta a confiança dos consumidores:** As contas activas nas redes sociais indicam que uma empresa tem uma presença forte, é contactável e é mais provável que seja mais fiável do que uma que não a tenha. Isto é particularmente verdadeiro para as empresas que são puramente digitais.

O papel crescente do Google+

Formalmente, Matt Cutts sublinhou que os Google+ plus ones não têm impacto nos resultados de pesquisa. Ele respondeu a um estudo que sugeria que havia uma correlação entre a atividade do Google+ e classificações mais elevadas com o seguinte:

-Estou a tentar decidir a forma mais educada de desmentir a ideia de que mais Google +1s levam a classificações mais altas no Google. Vamos começar com correlação != causalidade".

O autor prossegue dizendo que a relação é mais provável devido ao facto de o conteúdo de qualidade ser lido, apreciado e partilhado, do que a um fator causal.

Mas é justo dizer que, com o investimento do Google na rede e a sua crescente proeminência, o Google+ é a rede social com maior probabilidade de ser utilizada para a participação social nas classificações dos motores de busca a longo prazo. O valor das redes sociais como "verificação huiana" do conteúdo é amplamente aceite e parece haver uma grande probabilidade de os motores de busca tirarem partido disso no futuro. As formas mais fáceis de começar com o Google+ incluem:

- Reivindique a sua página no Google Plus se for uma empresa ou crie uma conta se estiver a utilizar uma conta pessoal.
- Personalize o seu perfil com imagens de marca, informações sobre a sua empresa e detalhes de contacto relevantes.
- Ligue-se aos seus contactos adicionando-os aos seus círculos do Google Plus.
- Crie uma estratégia para atualizar regularmente o seu perfil com conteúdos originais interessantes e material selecionado.

Escolher a plataforma social certa para a sua empresa

Um aspeto importante do marketing nas redes sociais é investir o seu tempo nas redes certas. Com uma vasta gama de redes, desde canais tradicionais como o Facebook e o Twitter a plataformas visuais como o Pinterest e sítios de nicho para sectores específicos, é impossível ter uma boa presença em todas as redes. Nem é aconselhável. A melhor estratégia de marketing nas redes sociais será diferente para cada empresa. De facto, a escolha das redes para a sua empresa deve centrar-se numa série de factores:

- **Público:** Invista mais nas redes onde os seus clientes passam o tempo.
- **Formato:** Alguns formatos adaptam-se naturalmente ao seu negócio. Se tiver um estilo de comunicação altamente visual, o Pinterest pode ser uma óptima escolha, enquanto os blogues podem ser mais difíceis. Descubra qual a rede que potencia os seus pontos fortes e lhe permite contar a sua história com facilidade.
- **Envolvimento:** Se encontrar uma comunidade forte numa determinada plataforma, pode haver uma sinergia natural entre a sua marca e as pessoas que aí se reúnem. A ligação pode ser intuitiva ou uma completa surpresa.

Elementos de uma presença social forte

- **A participação social está mais integrada no marketing de conteúdos:** Um dos principais aspectos de uma estratégia de marketing de conteúdos bem sucedida é a integração social. O conteúdo socialmente integrado tem mais hipóteses de ser lido, partilhado e encontrado. As técnicas para garantir isto incluem a partilha do seu conteúdo através das suas redes sociais à medida que é publicado, tornando mais simples para o seu público partilhar o seu conteúdo online com botões de partilha e expandindo os seus esforços para ligar o seu conteúdo a uma conversa mais ampla através da marcação de tópicos e da descoberta de conteúdo.
- **A diversidade de conteúdos sociais gera ligações:** As empresas estão a ser forçadas a sair da bolha do conteúdo escrito graças ao aumento da importância de redes como o Pinterest, YouTube e sites de micro-vídeo como o Vine. Concentrar-se no conteúdo visual é uma excelente forma de as empresas se destacarem, atraírem ligações e diversificarem os seus activos de conteúdo.

As redes sociais são um local importante para estabelecer contacto com os clientes e ajudar a aumentar a visibilidade do seu conteúdo. Vamos agora analisar mais detalhadamente a combinação de esforços relacionados com ligações, marketing de conteúdos e redes sociais com o objetivo de construir a sua marca.

Estratégia para as redes sociais

Estratégia do Twitter

Uma das maiores redes sociais, o Twitter é o "gerador de rumores" onde as pessoas se dirigem para obter notícias de última hora e actualizações. É um ambiente muito rápido, destinado a ser curto e agradável, com cada tweet a não ter mais de 140 caracteres. O Twitter partilha algumas caraterísticas com as ferramentas de redes sociais mais comuns: Facebook, Pinterest, Linkedln, Google+ e YouTube.

No entanto, as diferenças definem realmente o Twitter:

- **Facebook:** Um tweet é como uma pequena atualização de estado do Facebook, mas no Twitter todos os tweets chegam ao feed de todos os seguidores, ao contrário do filtro do EdgeRank do Facebook.
- **Pinterest:** O Twitter permite-lhe partilhar fotografias e fazer comentários no seu tweet e, com o Twitter, é muito mais fácil ter uma conversa em torno de uma imagem partilhada do que com a funcionalidade de comentários do Pinterest.
- **LinkedIn:** Um tweet é como uma breve atualização de estado do LinkedIn. Enquanto o LinkedIn se baseia em relações de confiança (e acordos bidireccionais), o Twitter permite-lhe seguir qualquer pessoa, incluindo estranhos.
- **Google+:** Um tweet é como uma pequena atualização de estado do Google+. O Twitter também permite organizar as pessoas em listas que organizam as conversas de forma semelhante aos grupos do Google+.
- **YouTube:** Um tweet pode conter um link para um vídeo; no entanto, o Twitter não permite criar um canal ou organizar os seus vídeos para facilitar a localização e os comentários.

Estratégia de publicação no Twitter

- Utilize os feeds para ver automaticamente as últimas publicações do SEJ à medida que vão sendo publicadas
- Integrar uma variedade de conteúdos não pertencentes ao SEJ, tais como artigos humorísticos/fotografias e conteúdos de outros sítios relacionados com eventos do sector, notícias oportunas, citações, etc.
- Promover os Escritores da SEJ, retweetando os seus conteúdos e partilhando publicações
- Tweet pelo menos um post de um mês atrás por dia
- Promover a nossa equipa e os nossos escritores no local e fora dele utilizando o seu nome de utilizador no Twitter
- Partilhar notícias oportunas sobre SEO de outras fontes fiáveis

Estratégia de envolvimento no Twitter

- Responder a pelo menos 10 utilizadores por dia
- Propor questões sobre os temas correspondentes
- Agradecer às pessoas por partilharem as nossas publicações
- Identificar utilizadores que tweetam manualmente uma publicação, comentam ou interagem de outra forma
- Retweetar pelo menos 3 mensagens por dia

- "Ouvir" o que as pessoas estão a dizer sobre a SEJ, pesquisando no Twitter por palavras-chave relevantes em torno do nome da empresa

Estratégia de seguimento no Twitter

Seguir novos utilizadores regularmente ajudará a aumentar a nossa própria base de fãs. Seguir marcas e indivíduos de qualidade garante que recebemos o máximo possível de informações relevantes do Twitter. A nossa cronologia será mais fácil de gerir com contribuições de contas específicas, em vez de seguirmos qualquer pessoa aleatoriamente ou seguirmos automaticamente as pessoas.

Como identificar as contas a seguir:

- Ver quem nos segue. Percorra as biografias, selecione pessoas que pareçam relevantes e certifique-se de que os seus feeds estão activos.
- Considere aqueles que são retuitados frequentemente. Se estivermos a seguir apenas pessoas de qualidade, então as pessoas que estão a retweetar provavelmente também merecem ser investigadas.
- Consulte as nossas listas de escritores para ver quem eles estão a citar e a falar.
- Visitar as listas de seguidores dos concorrentes. Quem os segue está claramente interessado no assunto e, por isso, nós também seríamos interessantes para eles.
- Limpe os utilizadores mais antigos/inactivos/automatizados pelo menos uma vez por mês. Utilize plataformas como o Twitter Karma, Just Unfollow, Status People, etc.

Estratégia de observação do Twitter

Observar outros utilizadores e os seus hábitos ou os hábitos de grupos relacionados pode ser extremamente educativo para aumentar a nossa base de fãs. Uma das grandes vantagens do Twitter é a transparência - podemos ver tudo o que toda a gente está a dizer. Isto torna a investigação sobre a concorrência muito acessível. Os nossos concorrentes têm redes que provavelmente incluem influenciadores que estão diretamente relacionados com a indústria. Escutar as conversas no Twitter sobre tópicos pertinentes ajudará a garantir que estamos a par do que o nosso público está a dizer e a interagir.

Identificar os influenciadores que já nos estão a seguir também é útil. **A Followerwonk** é uma plataforma que classifica a autoridade social dos utilizadores com base na taxa de retweets das suas últimas centenas de tweets, na sua atualidade e num modelo baseado em retweets treinado com base nos dados do perfil do utilizador. Este número não é de modo algum perfeito, mas os retweets estão tão fortemente correlacionados com uma comunidade saudável que são uma óptima forma de identificar relações que devem ser prosseguidas.

Comentário/Tom do Twitter

Mantenha o sentimento geral leve e positivo. Evite tweets de natureza negativa ou que possam parecer pouco profissionais, como os que incluem: profanidades, racismo, estereótipos ou referências a actividades pouco profissionais. Não se envolva numa conversa argumentativa.

Utilização de hashtag

No Twitter, é prática comum as pessoas utilizarem o símbolo de hashtag (#) antes de uma palavra-chave ou frase relevante (sem espaços) no seu tweet para categorizar esses tweets e ajudar a aumentar a sua visibilidade na pesquisa do Twitter. Não é de admirar, uma vez que os estudos mostram que os tweets que utilizam hashtags têm o dobro do envolvimento do que os que não utilizam. Por exemplo, se pesquisar por #SEO, obterá uma lista de tweets relacionados com SEO que contêm a frase com hashtag.

- Clicar numa palavra marcada com uma hashtag em qualquer mensagem mostra-lhe todos os outros tweets marcados com essa palavra-chave
- As hashtags podem ocorrer em qualquer parte do tweet - no início, no meio ou no fim
- As palavras com hashtag que se tornam muito populares são frequentemente tópicos de tendência
- Boa prática para pesquisar hashtags em voga, a fim de evitar uma utilização acidental indevida

- Utilizar hashtags apenas em tweets relevantes para o tema
- **Não #spam #com #hashtags.** Não coloque demasiadas etiquetas num único tweet. (As melhores práticas recomendam a utilização de não mais do que duas hashtags por tweet).

Utilização de fotografias

Estudos mostram que os tweets com imagens podem obter 60 a 200% mais partilhas do que os que não têm. Utilizar imagens significa que temos mais hipóteses de nos destacarmos nos feeds dos seguidores.

Objectivos no Twitter

O Twitter tem por objetivo criar uma comunidade de seguidores apaixonados por SEO, redes sociais, marketing digital, etc., que acabarão por se apaixonar pelo SEJ. O objetivo principal é aumentar o número de seguidores no Twitter em pelo menos 5% por mês até ao segundo trimestre de 2014.

- **fevereiro de 2014** = aumento de 2 775 fãs
- **março de 2014** = aumento de 2.913 fãs
- **abril de 2014** = aumento de 3 058 adeptos

Idealmente, isto atrairá tráfego para o sítio Web, onde rentabilizaremos os nossos esforços através de publicidade e patrocínios. As referências de tráfego social para o sítio Web devem aumentar pelo menos 10% mês após mês.

Esperamos também aumentar de forma consistente o número de menções, retweets e respostas. Em janeiro de 2015, tivemos 2.829 retweets, 221 respostas e 5.460 menções. Um aumento de 1.641 retweets, 84 respostas e 1.971 menções em relação a janeiro de 2014.

Outro grande objetivo é melhorar a reputação do SEJ como uma voz especializada na área das pesquisas. Mostrar que estamos sempre a par do que está a acontecer no mundo da pesquisa ajuda a solidificar a nossa imagem como uma fonte líder no sector. Isto significa manter a comunidade actualizada através da apresentação contínua de conhecimentos sobre vários tópicos relacionados, tais como redes sociais, blogues, marketing de conteúdos e eventos do sector.

É fundamental utilizar o Twitter para monitorizar o que está a ser dito sobre a nossa empresa. Devemos responder atempadamente a quaisquer problemas e garantir que todas as questões são abordadas. Manter um tom consistente ajudará o nosso público a perceber quem somos. A nossa voz deve ser profissional, mas conversacional e amigável.

Estratégia do Facebook

Uma página do Facebook ajuda a manter uma empresa:

- **Descobrível.** Quando as pessoas o procurarem no Facebook, poderão encontrá-lo.
- **Ligado.** Tenha conversas individuais com os seus clientes, que podem gostar da sua Página, ler as suas publicações, partilhá-las com amigos e fazer check-in quando a visitam.

- **Oportuna.** A sua Página pode ajudá-lo a chegar frequentemente a grandes grupos de pessoas, com mensagens adaptadas às suas necessidades e interesses.
- **Perspicaz.** A análise fornece uma compreensão mais profunda dos seus clientes e das suas actividades de marketing.

Estratégia de publicação no Facebook

A estratégia de publicação do SEJ deve envolver a partilha de uma mistura de links relevantes e de conteúdo envolvente e, em seguida, observar os insights para ver o que obtém mais respostas. As pessoas adoram curiosidades, dicas e truques sobre assuntos em que estão interessadas. Gostam de responder a perguntas e de serem ouvidas.

Transmitir muito humor em torno de tópicos pertinentes também ajuda a obter envolvimento. Os conteúdos visuais, como fotografias e vídeos, criam muita interação, especialmente quando são educativos, cómicos, divertidos ou inspiradores.

A partilha dos nossos vídeos de entrevistas ajudará a fornecer um conteúdo visual consistente e a enfatizar a nossa imersão no espaço de pesquisa. Também apresentaremos os próximos eventos e acontecimentos da SEJ e incentivaremos o entusiasmo em torno dessas iniciativas.

Devido à grande quantidade de novos conteúdos publicados regularmente no sítio Web da SEJ, seis a oito publicações no Facebook por dia é uma quantidade constante que garantirá que todas as nossas publicações, juntamente com outras, estão a ser distribuídas.

Os tipos de publicação no Facebook variam; por exemplo, as publicações incluem fotografias, ligações ou sondagens. Para garantir que não estamos a ser totalmente auto-promocionais, aumentaremos a quantidade de conteúdo não pertencente ao SEJ, garantindo que pelo menos 20% das publicações provêm de outras fontes.

Melhores práticas de publicação no Facebook

- Alterar a duração das actualizações. Recorra a uma variedade de publicações de duração variada para manter as pessoas informadas, envolvidas e interessadas.
- Utilizar as hashtags de forma inteligente. (Muitos usam hashtags de forma frívola e sem intenção).
- Certifique-se de que as hashtags utilizadas contêm conteúdo valioso e pertinente e não utilize mais do que duas hashtags por publicação.
- Dimensões ideais da imagem: 470 x 470 píxeis
- O que fazer ao partilhar ligações:
    - Variar a utilização de imagens com actualizações de ligações para evitar a monotonia
    - Incorporar uma mistura igual de tipos de atualização enquanto observa as informações para saber a que é que o público responde mais

- Certifique-se de que cada publicação tem o fator AIDA - Atenção, Interesse, Desejo e Ação.
- Certifique-se de que, quando está a participar, tem sessão iniciada como PAGE e não como indivíduo
- Como publicar em páginas do Facebook (através da Ajuda do Facebook)
- Como agendar publicações para serem apresentadas mais tarde (através da Ajuda do Facebook)

Seis tipos de publicações que criam envolvimento no Facebook

1. **Fotografias.** Como se costuma dizer, uma imagem vale mais do que mil palavras.
2. **Preencher os espaços em branco.** O meu maior problema com o Google é .
3. **Legendas das fotos.** Ajuda-nos a legendar isto: <foto intrigante>.
4. **Perguntas.** Comece ou termine as mensagens com perguntas.
5. **Dicas.** Partilhar dicas de estilo "Sabia que" nas publicações.
6. **Citações.** Partilhe citações relevantes ou inspiradoras.

Estratégia de envolvimento no Facebook

O envolvimento com os utilizadores é extremamente importante para construir relações e criar defensores da marca. Os passos para fomentar as relações com os fãs incluem:

- Reconhecer os comentários: -Agradar" os comentários genéricos, comentar os que merecem resposta
- Ouvir o nosso público: Registar quaisquer comentários específicos, pedidos
- Conversar com outras marcas: Gostar e comentar as suas publicações para mostrar apoio, colaboração, simpatia (esperemos que eles retribuam, façam parcerias, etc.)

Estratégia de criação de comunidades no Facebook

- Comunicar ativamente e reconhecer as pessoas relevantes
- Procurar constantemente páginas relacionadas e participar nas suas comunidades - gostar, partilhar, etc.
- Interagir com outros membros dessas comunidades para aumentar organicamente a visibilidade

Estratégia de monitorização do Facebook

Se forem publicados comentários negativos na nossa página, devemos tentar entrar em contacto com a pessoa e resolver o problema ou transformar a situação difícil em algo benéfico.

Eliminar *sempre* os comentários na nossa página que sejam:

- Auto-promoção
- Controverso ou potencialmente ofensivo
- Não relevante
- Spam

Incorporar e manter uma declaração de exoneração de responsabilidade na página do Facebook que indique que qualquer um dos tipos de comentários acima referidos, ou qualquer um que não promova o debate de forma produtiva, será eliminado. Isto assegurará que a nossa página continua a ser interessante e informativa.

Estratégia de promoção no Facebook

Desenvolveremos pelo menos quatro campanhas por ano com o objetivo de aumentar o entusiasmo e a comunicação com/sobre a SEJ. Estas campanhas devem estar ligadas a iniciativas maiores da SEJ, tais como o relançamento do sítio Web, eventos, conferências, etc. Considerar quando impulsionar as publicações com base no envolvimento e no tipo de publicação. Impulsionar o ROI em publicações particularmente envolventes quando um impulso extra parecer valer a pena. O orçamento dependerá dos objectivos de cada campanha.

Objectivos do Facebook

O principal objetivo é aumentar o número de seguidores no Facebook em, pelo menos, 10% por mês até ao segundo trimestre de 2014.

- fevereiro de 2014 = aumento de 6 700 fãs
- março de 2014 = aumento de 7 370 fãs
- abril de 2014 = aumento de 8 107 fãs

As referências de tráfego social para o sítio Web devem aumentar pelo menos 10% mês a mês.

Outro grande objetivo é tornar o SEJ um especialista no domínio da pesquisa, mostrando que estamos sempre a par das últimas notícias. A promoção da equipa e dos escritores do SEJ ajudará a diversificar o nosso conteúdo e a aumentar a quantidade de conteúdo de alta qualidade que temos para partilhar. Não deve ser demasiado promocional, mas sim mais informativo.

Utilizar o Facebook para monitorizar o que está a ser dito sobre a nossa empresa é outro imperativo vital. Devemos responder atempadamente a quaisquer problemas e garantir que todos os pedidos de informação são tratados. Manter um tom e uma voz consistentes ajudará o nosso público a perceber quem somos. Esta voz deve ser profissional, mas conversacional e amigável.

Métricas do Facebook que interessam

Estratégia de comunicação

- Monitor:
  - Gostos
  - Comentários
  - Impressões
  - Tráfego do sítio Web
- Verificar as tendências, as tácticas e os conhecimentos todos os meses e fazer os ajustamentos necessários
- Acompanhar tendências, blogues e grupos do Facebook
- Ajustar com base em quaisquer actualizações de algoritmos ou outras alterações

Alcance da ventoinha

- Número único de utilizadores alcançados pelo seu conteúdo
- Ajuda a determinar a qualidade da conta

Envolvimento por publicação

- Número de pessoas que clicaram em qualquer parte da sua publicação
- Determina o fator de recurso de cada atualização

Pessoas a falar sobre isto

- Número de pessoas que partilham, gostam ou comentam
- Mostra o envolvimento das actualizações, potencial sucesso viral

Estratégia do LinkedIn

Embora a página da empresa no LinkedIn da SEJ seja relativamente nova, existem muitos benefícios em estar presente neste espaço. Alguns incluem o envolvimento de potenciais seguidores com notícias da empresa, actualizações, eventos e conteúdos relevantes. O LinkedIn tem uma aura diferente das outras redes sociais, uma vez que os utilizadores do LinkedIn tendem a ser mais proactivos a nível profissional.

Há também a oportunidade de melhorar a classificação nos motores de busca, uma vez que as páginas do LinkedIn têm frequentemente um bom desempenho nas pesquisas de empresas. Há também oportunidades de geração de leads do lado do marketing de conteúdo.

De facto, estudos mostram que 50% dos membros do LinkedIn têm maior probabilidade de comprar a empresas quando se envolvem com elas no LinkedIn.

Otimizar o nosso perfil no LinkedIn

Uma página optimizada no LinkedIn permite-nos mostrar o que a SEJ tem para oferecer. Ao construir a página "produtos e serviços", podemos mostrar o que fazemos e dar às pessoas razões convincentes para nos seguirem.

As páginas de empresa também são muito optimizadas em termos de SEO. O Google pré-visualiza até 156 caracteres de texto de cada página de empresa. Como resultado, temos de garantir que a nossa descrição é liderada por frases poderosas e ricas em palavras-chave. Além disso, os membros podem procurar empresas por palavra-chave no LinkedIn, pelo que também devemos incluir palavras e frases que descrevam o SEJ e o nosso sector de atividade.

Envolver o nosso público no LinkedIn

Com as páginas de empresa do LinkedIn, podemos agora "gostar" e partilhar conteúdos enquanto empresa, à semelhança do que fazemos no Facebook e no Google+. Por conseguinte, utilizamos esta plataforma para partilhar os nossos próprios artigos, bem como outras notícias do sector, com um público que pode não estar ativo numa das outras redes sociais. Publicamos pelo menos quatro vezes por dia para garantir que os artigos são vistos.

Do mesmo modo, os administradores da página da empresa podem "gostar" e responder aos comentários dos membros gerados pelas publicações. Também podemos apoiar os nossos colaboradores e outros parceiros partilhando os seus conteúdos.

Actualizações direcionadas

Com as actualizações direcionadas do LinkedIn, podemos facilmente adaptar determinadas mensagens, se assim o desejarmos. Por exemplo, ao criar uma atualização, podemos optar por partilhá-la com "todos os seguidores" ou com um "público-alvo".

A escolha desta última opção permite-nos enviar uma atualização para um subconjunto de seguidores com base na geografia, no sector, na dimensão da empresa ou no nível de antiguidade. Por exemplo, se estivermos a organizar um encontro numa determinada cidade, podemos adaptar as actualizações às pessoas dessa região.

Atrair mais seguidores no LinkedIn

Para aumentar os nossos seguidores no LinkedIn, começámos por espalhar a palavra internamente e incentivámos todos os membros da equipa, colaboradores, etc., a seguir e a interagir com a página. Também incentivámos os colaboradores a adicionarem o SEJ aos seus perfis do LinkedIn, quer como emprego, quer como publicação de conteúdo".

Utilizar uma abordagem multicanal. Adicionar uma hiperligação para a página da empresa às assinaturas de correio eletrónico e adicionar um botão -FoOw" ao sítio Web, o que mostra que estamos no LinkedIn e facilita o seu seguimento.

Analisar os resultados do LinkedIn

Utilizar o LinkedIn Analytics para nos ajudar a interagir melhor com os seguidores e monitorizar o nosso sucesso. Existe uma série de informações disponíveis para nos ajudar a concentrar e aperfeiçoar a nossa estratégia, incluindo:

% de envolvimento - Envolvimento = interações + cliques + seguidores adquiridos. Por outras palavras, esta métrica responde à pergunta: "Das pessoas que viram a minha atualização, quantas estão realmente a interagir com ela?" Observar as actualizações com taxas de envolvimento mais elevadas e anotar o tipo de conteúdo, as pessoas visadas, a data e a hora, ajuda-nos a aprender a otimizar o conteúdo futuro com base no que comprovadamente funciona.

Dados demográficos - Desde a antiguidade e o sector até à dimensão e função da empresa, os dados demográficos fornecem um retrato dos seguidores. Com esta informação, podemos adaptar o tipo de conteúdo partilhado, bem como o tom em que é apresentado. Os dados demográficos também ajudam a determinar quais os segmentos a focar para actualizações de estado específicas.

Comparação - Saber como é que a página da nossa empresa se compara com as páginas dos nossos concorrentes é uma óptima forma de determinar se devemos alterar a nossa estratégia.

Uma vez que a nossa página do LinkedIn é nova, ainda não dispomos de muitos parâmetros de referência. Por enquanto, vamos observar e reavaliar os objectivos da página dentro de alguns meses.

Estratégia do Google+

Porquê o Google+?

Porque o Google+ não é apenas uma rede social - faz parte de uma poderosa plataforma social que se integra com capacidades essenciais como o Google docs, chat, hangouts, gmail e muito mais.

Para além dos benefícios sociais, existem também poderosos benefícios de pesquisa. Os algoritmos de pesquisa do Google reconhecem a partilha social, uma vez que cada partilha lhes diz que o conteúdo é valioso e de confiança. Isto é verdade independentemente do sítio de redes sociais, mas é ainda mais poderoso com o G+, uma vez que está diretamente ligado aos produtos de pesquisa do Google.

Só por estas razões, o Google+ é uma oportunidade de elevado valor que vale a pena investir o tempo e os recursos necessários para a cultivar.

Um equívoco comum é pensar que o Google+ é uma cidade fantasma. Na realidade, o Google+ é o lar de comunidades vibrantes e activas que promovem um envolvimento profundo. O truque é aprender a encontrar e a tirar partido destas comunidades para construir relações duradouras com os principais públicos.

Impulsionar o crescimento de seguidores no Google+

Em conjunto com a recente remodelação do sítio Web, seria útil colocar o emblema do Google+ num lugar mais proeminente. Isto permite aos utilizadores seguir facilmente a nossa página do Google+ diretamente a partir do sítio Web.

Incentivar a partilha de conteúdos da SEJ no Google+ entre as partes interessadas internas, como os membros da equipa ABM, os redactores contribuintes, etc.

A Ligação direta é uma ligação de pesquisa interessante que permite aos utilizadores adicionar automaticamente marcas aos seus Círculos, incluindo o símbolo de mais (+) antes do nome de uma marca nas suas consultas de pesquisa do Google. À semelhança das chamadas de atenção na publicidade que pedem aos consumidores para "Gostarem do Facebook", podemos dizer "Procurem o +SearchEngineJournal no Google" e a ação levará os utilizadores diretamente para a nossa página do Google+. Esta funcionalidade está disponível para muitos, mas não para todos, por isso talvez possamos sugerir que seja escrito um artigo sobre o tema e depois utilizá-lo para incentivar a localização da nossa página do Google+ desta forma.

Ser mais estratégico com os círculos do Google+

Em março de 2014, tínhamos cerca de 40 pessoas nos nossos próprios círculos. Ao colocarmos nós próprios nos círculos utilizadores mais influentes, podemos interagir mais regularmente com o conteúdo relacionado com mais pessoas e, consequentemente, chegar aos olhos dos seus fãs e, esperamos, aumentar a nossa base de fãs.

Hangouts do Google+

Os Hangouts permitem que vários utilizadores do Google+ participem em conversas de vídeo espontâneas. Esta é uma funcionalidade que as marcas podem utilizar para envolver os seguidores em discussões direcionadas ou grupos de discussão sobre os tópicos que lhes interessam.

Embora apenas 10 pessoas possam participar num Hangout de cada vez, a funcionalidade Hangouts On Air permite que os Hangouts sejam transmitidos para muitos mais espectadores que podem assistir a eventos, demonstrações de produtos ou grupos de discussão em tempo real.

Seria ótimo otimizar esta função através de Hangouts mensais ou bimestrais com profissionais de marketing na Internet. Os Hangouts poderiam ser uma discussão aberta sobre as tendências actuais ou basear-se num tópico específico. Isto permite que a nossa comunidade se envolva connosco de uma forma muito mais íntima, e os utilizadores teriam de nos rodear para ver o Hangout, o que também ajudaria indiretamente a aumentar os números.

Podemos trabalhar com a Kelsey para encontrar autores que estejam dispostos a realizar hangouts SEJ connosco. Podemos procurar conteúdos que tenham recebido muitos comentários ou tração, e depois perguntar ao autor se estaria disposto a fazer um Hangout para discutir o tema e responder a quaisquer perguntas.

Visibilidade dos posts no Google+

Quando um utilizador "circula" a nossa página do Google+, as nossas publicações aparecem nas pesquisas do Google quando os utilizadores têm sessão iniciada nas suas contas Google. Uma pessoa pode circular a nossa página e nunca mais a visitar ou interagir com ela, mas as nossas publicações podem aparecer nas suas pesquisas do Google. As publicações com +1s têm uma maior possibilidade de aparecer nas pesquisas.

Algoritmo do Google

O Google não aplica um algoritmo ao feed da página inicial, o que constitui um enorme fator de diferenciação em relação ao Facebook. Para o Google+, isto significa que o tempo é importante: as mensagens decaem e não são aumentadas por afinidade ou valores de peso. Também enfatiza o valor de entrar nos círculos dos utilizadores - uma vez dentro, está dentro - e tem tantas hipóteses como qualquer outra pessoa nos seus círculos de ver as suas mensagens.

+1s

Os +1s também são importantes. O +1 é para as publicações do Google+ o mesmo que os gostos são para as publicações do Facebook. A única diferença importante é que as publicações com mais +1s têm mais probabilidades de serem vistas nos resultados de pesquisa do Google. As palavras-chave também são mais importantes no Google+, uma vez que é mais provável que as publicações apareçam nos resultados de pesquisa para determinados tópicos.

Estratégia de publicação no Google+

À semelhança do Facebook, a estratégia de publicação deve envolver a partilha de uma mistura de hiperligações relevantes e conteúdos interessantes. As pessoas adoram curiosidades, dicas e truques sobre assuntos que lhes interessam. Gostam de responder a perguntas e de fazer ouvir a sua voz.

Transmitir muito humor em torno de tópicos pertinentes também ajuda a obter envolvimento. Os conteúdos visuais, como fotografias e vídeos, criam normalmente muita interação.

Devido à grande quantidade de novos conteúdos publicados no sítio Web da SEJ, pelo menos quatro mensagens por dia é uma quantidade constante para garantir que todas as nossas mensagens, juntamente com outras, estão a ser distribuídas.

Os tipos de mensagens variam e incluem fotografias, hiperligações e sondagens, juntamente com várias durações de mensagens: algumas introduções de mensagens mais longas, outras mais curtas. Para garantir que não estamos a ser totalmente autopromocionais, também incluiremos publicações regulares de outras fontes.

Marcar outras páginas quando houver uma oportunidade também é algo de que podemos começar a tirar partido. Da mesma forma, embora o Google+ tenha começado a associar hashtags a publicações regularmente com base no conteúdo das publicações, a utilização de hashtags específicas com mais frequência tem a vantagem adicional de aparecermos nos resultados de pesquisa para essas hashtags.

Estratégia de envolvimento no Google+

O envolvimento com os utilizadores é extremamente importante para construir relações e criar defensores da marca. Os passos para fomentar as relações com os fãs incluem:

- Reconhecer os comentários: +1 comentários genéricos, comentar os que merecem uma resposta
- Ouvir o nosso público: Pedidos de notas e comentários específicos
- Interaja com outras marcas: +1, comentar as suas publicações para mostrar apoio e simpatia

Estratégia de monitorização do Google+

Se encontrarmos comentários negativos na nossa página, devemos tentar contactar a pessoa em causa para saber mais sobre o assunto. Devemos tentar resolver questões que possam ser corrigidas para transformar uma situação difícil em algo benéfico.

Eliminar comentários na nossa página que sejam:

- Auto-promoção
- Controverso ou potencialmente ofensivo
- Não relevante
- Spam

Objectivos do Google+

Um dos principais objectivos é direcionar o tráfego para o sítio Web. No mês de janeiro de 2014, 15.602 visitantes chegaram ao sítio Web através do Google+. Gostaríamos de ver esta percentagem aumentar pelo menos 10% todos os meses.

- **Objetivo para fevereiro de 2014** = 17 162 visitantes
- **Objetivo de março de 2014** = 18.878 visitantes
- **Objetivo para abril de 2014** = 20.766 visitantes

Desde julho de 205, 15.578 pessoas circularam-nos e a nossa página recebeu mais de 5 milhões de visualizações. Em janeiro, tivemos 515 +1s em posts, 127 re-shares e 43 comentários. O ideal seria fazer crescer estes números mês após mês a uma taxa mínima de 10%.

De preferência, a utilização do Google+ atrairá mais tráfego para o sítio Web e trará inúmeros benefícios, tais como o aumento das vendas de publicidade e das oportunidades de patrocínio, e ajudará a continuar a marcar o SEJ como um especialista na área da pesquisa.

Estratégia de relatórios do Google+

Acompanhar e apresentar relatórios mensais sobre:

- +1s nas mensagens
- Comentários sobre as mensagens
- +1s na própria página
- Pessoas que nos rodearam
- Tráfego do sítio Web
- Tendências, tácticas e conhecimentos

Estratégia do Pinterest

O Pinterest continua a crescer e já tem 72,8 milhões de utilizadores. Isto significa que quase uma em cada seis pessoas que utilizam a Internet está no Pinterest. De acordo com a investigação da Pew, estes utilizadores têm um bom nível de educação e 18% têm um rendimento anual de 75.000 dólares ou mais.

Por outras palavras, o Pinterest está a ser utilizado por uma quantidade extraordinária de pessoas, muitas das quais têm provavelmente um peso influente na comunidade online. Seria negligente não otimizar a nossa presença aqui por uma série de razões.

Conduzir o tráfego do sítio Web

Beth Hayden, autora de Pinfluence, revelou que o Pinterest gera mais tráfego de referência do que o LinkedIn, o Google+ e o YouTube juntos.

Para tirar partido disto, os utilizadores do Pinterest têm primeiro de se sentir atraídos pelos pins da SEJ e voltar a colocá-los nos seus quadros. Os pins de maior sucesso no Pinterest têm algumas caraterísticas em comum. Combinam imagens fantásticas com conteúdo para resolver um problema, inspirar ou apelar a um interesse. Uma vez que os nossos artigos do SEJ fazem exatamente isso, este é o canal perfeito.

Promoção de artigos no Pinterest

O nosso principal objetivo no Pinterest deve ser dar a conhecer os nossos conhecimentos e a nossa imersão na indústria e, subsequentemente, conduzir o tráfego de volta ao sítio Web.

- Colocar regularmente novos artigos nos respectivos painéis do Pinterest
- Incorporar a partilha do Pinterest nos nossos botões "partilhar" em cada publicação do SEJ
- Adicionar botões "-Pint" a todas as páginas do sítio Web
- Certifique-se de que todos os artigos incluem uma imagem, para que, se um artigo for fixado, tenha uma imagem atraente e acolhedora

- Certifique-se de que o meta-conteúdo da publicação está preenchido, uma vez que essa descrição será traduzida como a descrição do pin quando alguém colocar o artigo no pin (se não estiver, aparece uma caixa em branco para que as pessoas possam personalizar a sua própria descrição, que pode ser menos optimizada do que o desejado)

Envolver-se no Pinterest

O envolvimento com outras marcas e pinners ajudará a divulgar a nossa presença no Pinterest. Podemos otimizar o envolvimento através de:

- Seguir outras páginas do Pinterest do sector e interagir com elas
- Seguir outros influenciadores activos de SEO/meios de comunicação social e interagir com eles
- Monitorizar os nossos próprios pins e responder aos comentários

Tirar partido da funcionalidade "Procurar

A funcionalidade de pesquisa permite-nos procurar pins que apresentem qualquer frase ou palavreado específico. É provável que as pessoas já estejam a colocar artigos do SEJ no Pinterest, por isso, ao pesquisar por -Searh Engine Journal", podemos ter a certeza de que estamos a interagir com os utilizadores que estão atualmente a publicar sobre nós. Além disso, pesquise palavras-chave como -SEO' -socialmedia," e outros termos relevantes para interagir com outros membros da nossa comunidade do Pinterest que estejam interessados em tópicos semelhantes.

Otimizar a presença no Pinterest

Em conjunto com muitos dos objectivos acima referidos, embora tenhamos uma página do Pinterest configurada com alguns quadros, há mais coisas que poderíamos fazer para a levar ao nível seguinte:

- Verificar o nosso sítio Web: permite que os utilizadores vejam o URL completo do sítio Web no nosso perfil e nos resultados de pesquisa

- Ser regularmente ativo
- Adicionar pelo menos mais 10 quadros nos próximos meses
- Seguir outros utilizadores
- Utilizar hashtags quando relevante
- Identificar trimestralmente os conselhos de administração a que poderíamos ter acesso como "colaboradores
- Determinar o que poderíamos utilizar como ícones e botões sociais para a remodelação do sítio
- Acrescentar o "-Pint" e outros botões do Pinterest ao sítio pode ser útil, mas queremos concentrar-nos no que funciona melhor para o nosso público e o SEJ não se enquadra naturalmente no Pinterest.

Objectivos do Pinterest

Em janeiro de 2014, tivemos 9.837 visitantes do sítio Web provenientes do Pinterest. Considerando que não estávamos activos, este é um bom começo. A partir de março de 2014, com a reativação e revisão da nossa presença no Pinterest, iremos monitorizar o tráfego e o crescimento e, em seguida, estabelecer objectivos razoáveis para os meses seguintes, de acordo com esses números.

Estratégia para o Instagram

O Instagram é uma aplicação móvel em que os utilizadores partilham as suas histórias de vida e eventos utilizando fotografias com filtros e legendas interessantes, bem como vídeos. O Instagram é propriedade do Facebook e tinha 150 milhões de utilizadores activos mensais em dezembro de 2013.

À semelhança do Facebook, as fotografias são publicadas num feed onde os seguidores podem ver o que está a ser partilhado e deixar comentários ou clicar num símbolo de coração para "gostar" da fotografia. À semelhança do Foursquare, as pessoas podem marcar uma localização específica numa fotografia. Semelhante ao Twitter, os utilizadores podem ver um feed das fotografias mais populares em todo o mundo de outros utilizadores que partilham publicamente ou ver apenas as fotografias no feed das pessoas que seguem.

Estamos numa posição um pouco mais complicada, uma vez que não temos um produto visual para apresentar e os URL não são passíveis de ligação se partilharmos uma fotografia relativa a um determinado artigo. O Instagram é diferente de outras plataformas na medida em que não é realmente um local para partilhar os nossos artigos regularmente, mas sim um local para envolver outras pessoas no espaço de SEO e criar consciência da marca.

Utilizar Hashtags de forma eficaz no Instagram

As hashtags são muito utilizadas no Instagram. As hashtags são palavras ou frases marcadas com o símbolo # e são utilizadas para permitir a recolha de todo o conteúdo com essa etiqueta num único local.

Com as contas públicas do Instagram, qualquer pessoa que procure uma hashtag utilizada na legenda de uma fotografia poderá ver essa imagem. Esta é uma óptima forma de chamar mais a atenção para fotografias específicas e contas de marcas. Tal como no Twitter e no Facebook, os utilizadores devem ser inteligentes com as hashtags: Não as utilizem em excesso e utilizem apenas palavras que sejam realmente relevantes para a fotografia que está a ser etiquetada.

Algumas marcas utilizam excessivamente as hashtags com o objetivo de obter mais gostos e seguidores. Isto não vai conseguir os seguidores que pretendem e irá provavelmente atrair comentários de spam.

Envolvimento no Instagram

Tal como noutras plataformas sociais, o envolvimento com outros utilizadores é uma parte importante da experiência. Olhando para quem nos segue e seguindo de volta indivíduos relevantes e utilizadores de determinados hashtags, bem como pessoas importantes em eventos, podemos continuar a aumentar o nosso número de seguidores e chegar a um público maior. Devemos também considerar a possibilidade de reunir os identificadores do Instagram dos nossos autores e segui-los.

Otimizar o Instagram em eventos

O Instagram é frequentemente utilizado em eventos do sector. Utilizar a hashtag do evento é uma óptima forma de estabelecer contacto com outras pessoas que também estão em eventos. Ao procurar a hashtag do evento e interagir com outras fotografias do evento, os outros utilizadores verão que também estamos lá e, provavelmente, seguir-nos-ão de volta. Também podemos apresentar pequenos vídeos dos eventos e fotografias dos bastidores.

Integração de sítios Web e redes sociais para o Instagram

Atualmente, o nosso sítio Web não inclui o logótipo do Instagram entre os nossos ícones sociais aparentes. Adicioná-lo a essa lista e adicionar um widget com algumas das nossas fotografias recentes são excelentes formas de alertar os utilizadores do sítio Web para o facto de termos uma presença no Instagram e de nos mantermos activos no mesmo.

Além disso, o Instagram pode ser facilmente ligado ao Twitter e ao Facebook, o que nos permite partilhar fotografias diretamente em ambas as plataformas quando as publicamos no Instagram.

Objectivos do Instagram

Atualmente, estamos a seguir 312 utilizadores, temos 393 seguidores e 63 mensagens em julho de 2015. Começando com um grande impulso durante o SMX, esperamos ganhar mais seguidores e aumentar rapidamente a atividade, utilizando depois os nossos resultados de progresso de março como base para o crescimento futuro.

Estratégia para o Snapchat

Estratégia adaptada do livro eletrónico de Kelsey, The Ultimate Guide to Snapchat Marketing

O Snapchat é uma das aplicações de redes sociais mais populares do mercado atual. O Snapchat tem atualmente 700 milhões de fotografias partilhadas diariamente, um aumento de 300 milhões em relação a outubro de 2013. Tal como o Instagram e o Vine nas suas fases iniciais, os utilizadores só podem utilizar a aplicação diretamente a partir do seu telemóvel, não existindo uma versão baseada na Web.

Embora a popularidade do Snapchat continue a ser sobretudo entre os adolescentes e os jovens adultos, o crescimento generalizado da aplicação levou a uma maior variedade de dados demográficos e a utilizadores diários de todas as idades. A atração do Snapchat reside no facto de todas as mensagens serem temporárias e não poderem ser encontradas por outros utilizadores (ou, no caso dos adolescentes, pelos pais). Os profissionais de marketing podem aproveitar esta atração oculta e secreta para criar canais de comunicação inovadores para o seu mercado-alvo.

Estratégia de lançamento

Fóruns como o Facebook e o Twitter oferecem uma infinidade de perspectivas de marketing, mas uma coisa que lhes falta é a capacidade de formar uma ligação duradoura e pessoal com os seguidores. Ao utilizar o formato de mensagem única do Snapchat, os profissionais de marketing podem chegar aos utilizadores de uma forma mais pessoal sem parecerem intrusivos, uma vez que a mensagem pode ser visualizada segundo os termos do destinatário. No fim de contas, o Snapchat tem tudo a ver com momentos: momentos de brincadeira entre amigos e momentos de lealdade entre marcas e clientes.

1. **Programe a sua fotografia de acordo com o tema:** Tem a opção de selecionar o período de tempo durante o qual a sua fotografia ficará visível para o destinatário. Uma vez que tem um intervalo de um a dez segundos, utilize-o de forma sensata. Se quiser que os seus clientes fiquem profundamente intrigados e apenas vejam de relance a fotografia que está a tirar, então alguns segundos podem ser suficientes.
2. **Utilizar a barra de legendas de texto:** A adição de textos nas imagens pode garantir uma apresentação bem feita e

A mensagem pode ser eficaz, mas deve ser utilizada de forma sensata. Por vezes, as mensagens enigmáticas podem provocar um frenesim de excitação, mas podem não ser compreendidas pelos seus seguidores se não forem utilizadas corretamente. No exemplo abaixo, não é possível compreender o texto escrito; uma legenda teria sido muito melhor .

3. **Utiliza a ferramenta de marcador/tinta a teu favor:** Tal como a opção de texto, também pode melhorar os seus snaps com a ferramenta de pintura (que foi tentada no exemplo acima). **"Artista do Snapchat" pode ser o próximo título profissional em voga quando se trata de redes sociais.** Por exemplo, Michael Platco envia regularmente arte para o Snapchat que faz as delícias dos seus amigos e seguidores do Tumblr. Aqui está uma seleção dos seus melhores snaps de Harry Potter, utilizada com a sua autorização:

4. **Dê aos seus seguidores até 24 horas para responderem antes de se envolverem novamente:** Nem toda a gente abre os snaps no trabalho, especialmente porque não sabem o que vão ver. Não quer ser demasiado insistente.
5. **Responda aos Snapchats que receber dos seus seguidores:** Os snaps individualizados podem ser uma excelente forma de fazer com que os seus utilizadores se sintam especiais, se os seus recursos o permitirem.
6. **As fotografias polidas e filtradas como snaps pertencem ao Facebook, Instagram e Twitter:** O Snapchat tem tudo a ver com viver o momento, por isso, partilhe a versão em bruto. Também pode desenvolver um sentido de intimidade e personalização para os seus seguidores.
7. **Seja divertido e criativo:** É isso que o grupo demográfico mais jovem que reina no Snapchat quer. Seja o que eles querem e irá longe.

Como é que as empresas e organizações podem utilizar o Snapchat para marketing?

Como mencionado anteriormente, devido à emoção que os adolescentes sentem ao exporem os seus segredos mais profundos, mais obscuros e, por vezes, mais feios, o Snapchat é visto como uma das redes de redes sociais mais populares para os jovens. Isto, por si só, é uma enorme vantagem para os profissionais de marketing, uma vez que marcas e empresas específicas podem utilizar esta plataforma para intrigar este grupo etário já curioso e criar potenciais benefícios para as suas empresas.

Os profissionais de marketing precisam realmente de estar na vanguarda das tendências de marketing e publicidade digital. A estratégia tem de se basear na cultura pop e no que é tendência visual atual, sem deixar de parecer natural. O principal mercado do Snapchat (adolescentes e jovens adultos) é um público experiente que sabe quando lhes estão a mentir ou a manipular. Apreciam uma comunicação genuína com marcas que compreendem aquilo em que estão interessados.

Formas de utilizar o Snapchat como negócio

- **Cupões:** Envie aos seus clientes um código de desconto, um cupão ou uma palavra-chave que eles possam utilizar para poupar dinheiro ao fazer compras. Tornar os cupões secretos dá um ar de exclusividade, o que contribui para a sensação geral do Snapchat.
- **Concursos:** Organize concursos para as melhores fotografias ou faça um concurso QuickSnap, em que a(s) primeira(s) pessoa(s) a responder com uma fotografia ganha(m) o prémio.
- **Envolvimento e criação de comunidades:** Este aspeto é abordado na estratégia, mas, dependendo da sua popularidade, o envio de snaps reactivos aos utilizadores que lhe enviam snaps pode ajudá-los a sentir que estão a ser ouvidos; uma grande vantagem na luta para obter a atenção dos consumidores.

Porque é que as empresas devem utilizar o Snapchat?

A verdadeira essência de um profissional de marketing reside na sua capacidade de inovação e na forma como combina essas ideias com as ferramentas de marketing disponíveis. Há uma infinidade de ideias à espera de serem lançadas através do Snapchat que outras empresas ainda não fizeram. Fazer marketing no Snapchat agora vai ajudá-lo a construir uma base de seguidores através deste meio enquanto outros ainda estão a pensar por onde começar.

O Snapchat pode ajudar a sua empresa das seguintes formas (para além dos cupões, concursos e envolvimento acima referidos):

- **Humanizar a sua empresa aumentará os pontos de reconhecimento da marca:** Tire fotografias de eventos e acontecimentos no escritório para que os seus utilizadores se sintam mais envolvidos com o que se passa na sua empresa durante o dia a dia, o que irá cultivar um sentimento de proximidade que os utilizadores irão recordar muito depois de os cartazes e os tweets terem desaparecido. Isto também resultará em lealdade à marca, uma proeza que não se consegue facilmente.
- **Todas as empresas têm uma missão e valores fundamentais.** Deixe que os clientes saibam o que é a sua empresa e o que representa, e eles responderão com mensagens sobre o que é importante para eles. Não se esqueça de ouvir quando o fizerem.

Tudo se resume a uma coisa: os seus seguidores Pense na sua estratégia de marketing, no seu público-alvo e nas tendências que podem fazer com que o seu Snapchat seja aceite pelos utilizadores. No final, uma marca precisa de ver qual é a melhor estratégia de marketing para o seu negócio e, com uma lista crescente de ferramentas de redes sociais disponíveis, os profissionais de marketing têm muito por onde escolher.

O Snapchat é uma dessas ferramentas que permite aos profissionais de marketing serem criativos e chegarem aos seus consumidores de uma forma nova e divertida.

Últimas palavras

Aqui tem: toda a estratégia de redes sociais da SEJ em todas as principais plataformas. Há outras plataformas que achas que deveríamos ter incluído? Que estratégias viram funcionar bem nas redes sociais?

- *http://KernelCritic.com Adrianna Ramos*

  Estou curioso sobre a logística da utilização do Instagram e do SnapChat. Uma vez que não se pode utilizar um computador para estas plataformas, existe um telemóvel do escritório dedicado a esta função? Criam/editam as imagens no computador, enviam-nas para o telemóvel e depois publicam no Instagram? Há já algum tempo que queremos experimentar o Instatram, mas não conseguimos encontrar uma forma eficiente de o fazer. Tentamos usar o BlueStacks (um emulador do Instagram para PC), mas descobrimos que ele tem muitos bugs. Só estou curioso para saber como funciona. Obrigado!

  - *http://www.moxiedot.com Kelsey Jones*

    Obrigado pela leitura e pela tua pergunta, Adrianna. No que diz respeito ao SEJ, todos conhecemos o login para o Instagram/Snapchat, pelo que basta iniciar sessão a partir dos nossos próprios telemóveis para o utilizar. Se a sua empresa vai estar muito ativa no Instagram (com a captação de eventos, novos produtos, etc.) diariamente, então um iPhone dedicado separado (ou mesmo um iPod touch) pode ser a sua melhor aposta. Pode adquirir um iPhone (ou Android) usado que esteja a executar o sistema operativo mais recente e, assim, continuar a poder transferir a versão mais recente do Snapchat/Instagram. Espero que isso ajude.

- *http://www.springholidaysltd.com ajay*

É um conteúdo muito informativo para o snapchat

Construir a sua marca

A construção da marca é cada vez mais importante no domínio da SEO. Em tempos, era o território de iniciativas de marketing mais tradicionais. De certa forma, é útil pensar na diferença entre o marketing direto e o marketing da Madison Avenue.

Com o marketing direto tradicional, centra-se mais numa proposta de valor que fala com o cliente e vende o seu produto ou serviço, criando uma urgência de ação. Com o marketing da Madison Avenue (pense, por exemplo, nos anúncios televisivos e nos anúncios espalhafatosos em revistas brilhantes), a tónica é colocada na criação de um conhecimento geral da marca. A ideia é que, se um consumidor ouvir falar de uma marca, é mais provável que compre esse produto ou serviço em vez da concorrência quando estiver numa loja ou precisar desse tipo de produto.

Atualmente, a SEO combina estas duas perspectivas. As melhores campanhas de SEO aumentam o conhecimento da sua marca, ao mesmo tempo que dão aos clientes um passo seguinte claro ou um apelo à ação. A construção de ligações, a criação de conteúdos de qualidade e o envolvimento com o seu público nas redes sociais fazem parte da construção da sua marca. No entanto, sem uma visão unificadora, não são suficientes. A construção da marca é mais do que apenas tácticas. É uma estratégia maior que começa com uma compreensão clara de quem e o que pretende que essa marca seja.

Conhecer, gostar e confiar: Você e a sua empresa

Há um ditado que diz que as pessoas fazem negócios com outras pessoas, não com empresas. Esta máxima é particularmente verdadeira no mundo em linha. A credibilidade online é mais difícil de estabelecer do que no mundo real. Quando entra numa loja física, pode ver facilmente as instalações da loja, o seu inventário nas prateleiras e o profissionalismo da pessoa atrás da secretária ou do balcão. Os julgamentos que faz a cada momento, com base na sua experiência da marca, ajudam-no a determinar se um vendedor é um local seguro para gastar o seu dinheiro. Mas com um sítio Web, é mais difícil estabelecer essa ligação. A construção de uma marca digital é um esforço deliberado para ultrapassar esta limitação.

Concentrar-se na construção da sua marca ajuda a personalizar a sua empresa para os potenciais clientes. Dá-lhes um rosto para se concentrarem e uma voz para associarem ao que a sua marca representa. Quando estiver a pensar em desenvolver uma estratégia para construir a sua marca, recomenda-se que comece com três perguntas:

- **Conhecer:** Com que facilidade é que os seus potenciais clientes conseguem articular o que a sua marca representa? Até que ponto o conhecem bem?

- **Gostar:** Até que ponto é simpático? Tem uma voz que ressoa com o seu público e que funciona no mercado?
- **Confiança:** A sua empresa apresenta-se como digna de confiança, fiável e segura?

7 Elementos de uma marca forte

As marcas fortes de todos os sectores têm vários factores em comum. É isso que nos ajuda a reconhecer as marcas fortes e também a fornecer aos profissionais de marketing um plano de ação sobre onde se concentrar para construir uma marca forte. Estas qualidades incluem:

- **Singularidade:** Algo na apresentação ou no posicionamento da marca ajuda a distingui-la da concorrência. Os clientes são capazes de articular o que torna a marca diferente e, portanto, valiosa.
- **Conhecimento do público:** As grandes marcas são construídas com base num forte conhecimento do público. Aplicam-no assegurando que as suas mensagens, qualidade e presença visual ressoam de forma poderosa com o público que estão a tentar alcançar.
- **Paixão:** A paixão sustenta as grandes marcas. É o que permite que a sua equipa se mantenha concentrada em tempos difíceis, o que os seus executivos transmitem durante os seus discursos e escritos, e o que estimula os clientes a tornarem-se os seus maiores defensores.
- **Competitividade:** As empresas de que nos lembramos são as que inovam e fazem algo que vale a pena recordar. As marcas fortes compreendem qual é a sua principal vantagem competitiva, articulam-na e cumprem sempre essa promessa.
- **Consistência:** Muitos especialistas defendem que a consistência é um dos, se não o, fator mais importante da presença de uma marca. Em todos os canais, as melhores marcas apresentam uma frente consistente e unida.
- **Liderança:** As marcas fortes têm uma visão poderosa por detrás delas, definindo o tom e alinhando os esforços dos principais intervenientes para atingir os objectivos mais

importantes.

- **Exposição:** A notoriedade é também uma parte essencial da construção de uma marca forte. Ter uma presença forte e sustentada que estabeleça uma ligação com os clientes ao longo do tempo reforça todos os outros aspectos de uma marca.

Estratégias para construir a sua marca

Para além de todos os elementos de senso comum para construir uma marca forte, eis duas recomendações fundamentais para construir a sua marca digitalmente este ano.

- **Produzir conteúdo de marca:** A produção de conteúdo de marca é outra estratégia que o ajudará a obter ganhos significativos. A tónica será colocada na qualidade, pelo que uma campanha dispersa de blogues de convidados já não é suficiente. Em vez disso, os leitores estarão à procura de conteúdos aprofundados que se relacionem com os valores fundamentais da sua empresa e com as suas mensagens mais importantes. Quanto mais frequentemente produzir conteúdos e quanto maior for a sua publicação, melhor se posicionará como líder no seu espaço.
- **Audite a sua consistência:** Como descrito acima, um dos elementos mais importantes de uma marca é a consistência. Isto aplica-se às mensagens, à identidade visual e à qualidade. É fácil, quando se lança uma campanha de construção de marca, perder o foco neste elemento-chave. Os seus perfis sociais estão visualmente alinhados com o seu sítio Web? As publicações onde está a publicar conteúdo têm a sua biografia mais recente? A consistência e a atenção aos pormenores garantem que os seus leitores têm uma experiência constante e positiva da sua marca.

Construir a sua marca é um dos principais factores que o vão distinguir. Mas o que acontece quando todos estes passos não são suficientes, ou quando um erro estratégico o coloca em apuros? Na próxima secção, abordaremos o que fazer quando algo corre mal na sua estratégia de SEO.

O que fazer quando as coisas correm mal

Apesar dos seus melhores esforços, pode descobrir que recebeu uma penalização do motor de busca. As penalizações variam em termos de gravidade, desde uma descida nas classificações para palavras-chave específicas até à remoção completa dos resultados dos motores de busca. Qualquer uma destas situações pode ser catastrófica para a sua empresa, se estiver a contar com o tráfego de pesquisa orgânica para obter oportunidades, vendas e exposição. Mas é importante manter a cabeça fria, fazer um balanço do que está a acontecer e passar sistematicamente pelo processo de reparação dos danos.

Noções básicas sobre penalizações nos motores de busca

Existem muitos rumores sobre as penalizações dos motores de busca. Estas não são aleatórias. De facto, na maioria dos casos, o proprietário de um site confessará que há algo que teme que o coloque em apuros. Talvez se tenha envolvido em alguns processos de link building questionáveis no passado ou tenha tomado outras medidas que se enquadram na categoria "mau SEO". Noutros casos, pode não estar totalmente ciente da origem do problema, mas precisa de resolver os pormenores antes de poder resolver o problema. O processo que se segue é uma orientação rápida que pode consultar se estiver a enfrentar uma penalização.

1. Determinar se está a enfrentar uma penalização manual ou algorítmica

O primeiro passo para lidar com uma penalização é determinar o tipo de penalização que está a enfrentar: Manual ou Algorítmica.

As penalizações manuais são simples de identificar. Quando ocorrem, os proprietários de sítios recebem normalmente uma mensagem através das Ferramentas do Google para webmasters a indicar que a penalização ocorreu e a oferecer informações sobre a origem do problema. As penalizações manuais variam em termos de gravidade, desde uma ação contra uma única página ou parte do conteúdo do seu Web site até ao domínio completo. As classificações podem cair ou o seu site pode ser removido dos resultados do motor de busca. A única estratégia para lidar com uma penalidade manual é investigar a origem do problema e enviar um pedido de reconsideração. Discutiremos como navegar nesse processo com mais detalhes abaixo.

O segundo tipo é a penalização algorítmica. As penalizações algorítmicas ocorrem organicamente à medida que os motores de busca actualizam os seus algoritmos. As alterações ou actualizações individuais - por exemplo, o Google Penguin ou o Google Hummingbird - afectam as classificações do seu sítio e provocam a sua descida. Estas podem ser mais difíceis de detetar, uma vez que os proprietários dos sítios não são notificados. Em vez disso, pode começar por notar uma queda nos números do seu tráfego orgânico.

Se suspeitar que uma penalização está a afetar as suas classificações, o primeiro passo a dar é consultar as Ferramentas do Google para webmasters. Inicie sessão, aceda a -Searh Traffic" e, em seguida, verifique a secção -Maual Actions".

Se não receber qualquer notificação de uma penalização manual, deve assumir que se trata de um resultado de alterações algorítmicas. Com a grande variedade de actualizações que ocorreram, é útil determinar qual a alteração que está a provocar a penalização. Trata-se de um problema com o Google Panda, que se refere a um problema provavelmente com o seu conteúdo; um problema com o Google Penguin, que pode indicar um problema com o seu perfil de links; ou um problema de otimização móvel associado ao Google Hummingbird? O momento em que a penalização ocorreu (ou seja, se estava relacionada com uma atualização de algoritmo conhecida), combinado com o seu próprio conhecimento do Web site e das páginas afectadas, pode fornecer-lhe informações rápidas.

Para obter uma visão geral das actualizações do algoritmo e quando ocorreram, consulte o Histórico de alterações do algoritmo do Google da Moz.

2. Orientar a solução para o problema

Depois de ter descoberto a origem do problema, está pronto para aplicar a solução correta.

No caso das penalizações manuais, comece por analisar o aviso que recebeu do Google. Estude o seu conteúdo e faça uma lista das áreas que tem de resolver. Se, por exemplo, a questão estiver relacionada com a criação de links manipuladores, é altura de efetuar uma auditoria completa ao seu perfil de links. Tem links que comprou, que são de sites de má qualidade ou que são de sites irrelevantes para o seu nicho? Se sim, isso pode ser resolvido removendo o maior número possível de links. Em seguida, pode enviar um pedido de reconsideração.

É mais difícil lidar com penalizações algorítmicas, uma vez que primeiro é necessário determinar a causa. Depois de associar o problema a uma atualização específica, será possível encontrar a solução certa. Por exemplo, se associou o problema ao Panda, precisa de perceber que o seu site tem problemas de usabilidade. É altura de auditar a qualidade do conteúdo, o volume do conteúdo, a originalidade do conteúdo, a velocidade do site e a estrutura e navegação gerais. As penalizações do Penguin exigem que analise o seu perfil de hiperligações, efectue auditorias de hiperligações, remova hiperligações e envie rejeições quando necessário.

3. Implementar uma nova estratégia

A recuperação de penalizações é difícil: requer tempo, energia e recursos humanos e financeiros. Está a perder valor de marca, receitas e clientes quando o seu site não está bem classificado. A melhor maneira de evitar uma penalização é comprometer-se com uma estratégia ética e orientada para os valores. Concentre-se em fornecer mais ao seu público através da sua estratégia de conteúdo, ganhando exposição através do marketing de redes sociais e ganhando links de alta qualidade. Esta abordagem nunca sairá pela culatra!

Auditorias de links e Google Disavow

Se suspeitar que as más práticas de criação de hiperligações podem estar na origem dos seus problemas com penalizações de sítios, está na altura de realizar uma auditoria de hiperligações. As auditorias de links permitem-lhe analisar mais detalhadamente todos os seus links de entrada e avaliar a sua qualidade. Dependendo dos resultados da sua auditoria, recomenda-se que passe à discussão sobre a melhor forma de remover as más ligações do seu site.

Rejeição do Google

O Google lançou a sua ferramenta de rejeição em 2012. O objetivo é simples: se existirem maus links a apontar para o seu site que não consegue remover de outra forma, a ferramenta Rejeitar pode fazê-lo por si. Pode enviar uma lista de sites de baixa qualidade para consideração do Google. A rejeição não remove as hiperligações, mas a ferramenta indica ao Google que pretende que essas hiperligações sejam ignoradas quando os resultados do motor de pesquisa são considerados. Lembre-se: O Google Disavow não resolve todos os problemas com links ruins e é importante proceder com cautela ao usá-lo.

Matt Cutts, do Google, explicou num vídeo (www.youtube.com/watch?v=393nmCYFRtA) que é melhor utilizar a ferramenta de forma criteriosa e estratégica. Não basta fazer o upload de todos os links ruins do seu site para a ferramenta de rejeição e considerar o seu trabalho concluído. Cutts afirma especificamente que o Google quer que os proprietários de sites façam várias tentativas para remover links ruins antes de usar o Google Disavow.

Repetindo: É fundamental que faça um esforço de boa fé para remover as hiperligações antes de recorrer a este passo. Comece por identificar os sites infractores e contacte-os por correio eletrónico para solicitar a remoção da ligação. O envio de vários pedidos por correio eletrónico (por vezes até às centenas ou milhares, pode consumir imenso tempo), mas vale bem a pena o esforço. Essas etapas o ajudarão a evitar penalidades futuras e serão um componente importante de qualquer pedido de reconsideração que você enviar.

Como gerir uma campanha de sensibilização

É importante estruturar a sua campanha de divulgação para remoção de hiperligações de uma forma que seja fácil de controlar e que também possa ser apresentada com quaisquer pedidos de remoção como cópia de segurança. Considere adotar uma abordagem sistemática que registe numa folha de cálculo ou noutro documento com as seguintes informações:

- Nome do sítio
- Ligação URL
- Texto âncora da palavra-chave
- URL da página para a qual a hiperligação vai
- Informações de contacto
- Detalhes dos contactos

Tente estabelecer contacto com os proprietários dos sítios pelo menos três vezes antes de interromper a sua campanha. Envie uma mensagem personalizada e adicione uma cópia do seu contacto de correio eletrónico ao seu ficheiro, para que possa acompanhar rapidamente e fazer referência ao contacto. Se, após a terceira tentativa, não obtiver resposta ou se a pessoa recusar, basta adicionar o site ao seu ficheiro de rejeição. Uma nota: ocasionalmente, o proprietário de um site desonesto pedirá dinheiro para remover o seu link. Se for esse o caso, nunca pague. Em vez disso, anote o facto na sua folha de cálculo (incluindo uma cópia da resposta do e-mail) e siga em frente.

Como apresentar um pedido de reconsideração

Se o Google lhe aplicar uma penalização de motor de pesquisa e tiver tomado as medidas necessárias para corrigir o problema, é altura de apresentar um Pedido de reconsideração. Os pedidos de reconsideração podem ser apresentados através das Ferramentas do Google para webmasters. Existem três diretrizes a ter em conta para que um Pedido de Reconsideração seja bem sucedido:

1. **Certifique-se de que efectuou o trabalho antecipadamente:** Um dos aspectos mais importantes para um pedido de reconsideração bem-sucedido é garantir que os problemas foram realmente resolvidos antes da apresentação. Se o problema for com links, removeu todos os links ofensivos? Se o seu problema for de usabilidade, reestruturou o seu site tendo em conta a experiência do utilizador? Adopte a perspetiva mais rigorosa possível - porque sabe que o Google o fará.
2. **Enviar backup:** Se estiver a enfrentar penalizações manuais ou a submeter um pedido de reconsideração ao Google, anote esta informação no seu ficheiro. Inclua a sua folha de cálculo que descreve o trabalho que efectuou para remover as hiperligações e o que submeteu à Rejeição. Seja o mais detalhado e abrangente possível, lembrando-se de que isso fornece provas importantes do seu compromisso.
3. **Assuma a responsabilidade e demonstre o seu plano:** Depois de identificar a origem do problema,

é importante assumir a responsabilidade, demonstrar o seu empenho na mudança e definir um plano para avançar. Por exemplo, se o seu problema era com o conteúdo, pode referir que criou um calendário editorial e adicionou um escritor freelancer de renome à sua equipa. O Google não aplica penalizações manuais de ânimo leve, e assumir a responsabilidade e aprender com a experiência faz com que seja mais provável que perdoe no futuro.

Quatro tácticas de SEO que resultam sempre em penalizações

Há uma lista crescente de tácticas de SEO que têm maior probabilidade de o levar às más graças do Google. Já falámos sobre elas em vários sítios, mas aqui está uma lista de verificação das abordagens de SEO que devem ser evitadas a todo o custo. Se está atualmente a utilizar qualquer uma destas abordagens, pare hoje mesmo e inicie o processo de melhoria do seu site agora, antes que tenha problemas.

- **Conteúdo spinning, scraping ou duplicação:** O conteúdo de alta qualidade é essencial para qualquer estratégia de SEO. Conteúdos mal escritos, conteúdos roubados de outros sítios e conteúdos duplicados são sinais de um mau site e de uma penalização.
- **Comprar hiperligações:** As hiperligações são um dos aspectos mais importantes de uma boa classificação nos motores de busca. São também a maior área de armadilhas. Nunca compre um link para o seu sítio. Esta prática viola as Diretrizes para webmasters do Google e é um dos principais alvos de repressão dos motores de busca. Em vez de comprar links, concentre-se em ganhá-los organicamente e construí-los naturalmente com um excelente conteúdo.
- **Links de sites de baixa qualidade:** Os dias de construção de um grande número de links de sites de baixa qualidade, de redes de blogs ou de rodas de links acabaram. Se tiver links de sites que não estão no seu nicho ou que foram criados explicitamente com o objetivo de construir links (e nada mais!), é altura de os remover.
- **Utilização excessiva de texto âncora:** Quer esteja a fazer guest posting, a ganhar links ou a adotar outra abordagem ao link building, os webmasters devem prestar atenção ao seu perfil de links. Se cerca de mais de 30% dos links que apontam para o seu site utilizarem o mesmo texto âncora e não for o nome da sua marca, é um sinal de alerta. Em vez disso, procure uma gama equilibrada de ligações que utilizem textos âncora mais diversificados.

Por fim, gostaríamos de ver como maximizar o valor dos testes e métricas de conversão para garantir que está a obter o melhor resultado possível para os seus esforços de SEO.

Capítulo 13: Conversões e métricas

As métricas são uma parte integrante de uma estratégia de SEO sólida. As métricas não só podem ajudá-lo a determinar o que está a funcionar e a aperfeiçoar o que não está, como também são a melhor forma de gerir o seu ROI e identificar oportunidades inexploradas. Saber o que medir e o que fazer com os dados quando os obtém faz a diferença entre ver resultados sérios e simplesmente colocar o conteúdo no éter.

Porque é que a análise é importante em SEO

Existem inúmeros recursos online que oferecem perspectivas aprofundadas sobre quais as métricas importantes em SEO. Gostaríamos de adotar a abordagem de compreender estrategicamente porque é que precisa de recolher dados e como desenvolver uma estratégia de dados adequada ao seu site e negócio. Tudo começa com a definição dos seus objectivos comerciais e com a determinação explícita da forma como estes se relacionam com a sua campanha de SEO.

As campanhas podem ter uma grande variedade de razões. Por exemplo, se estiver concentrado em desenvolver o seu público, então métricas como as inscrições no boletim informativo e o envolvimento nas redes sociais são muito importantes. Se está a construir a sua marca, pode estar a analisar o poder por detrás das marcas a que está associado. Quando se está concentrado no resultado final, as métricas que realmente importam são as receitas, os lucros, as conversões e os clientes recorrentes. Existem centenas de métricas que podem ser medidas em SEO - mas nem todas as métricas são relevantes em todas as situações.

Afaste-se das métricas de vaidade

A sua análise e recolha de dados só é útil na medida em que melhora o seu negócio. Se estiver a medir factores que são interessantes de conhecer, mas que não se traduzem em acções ou lucros, tem uma oportunidade de reduzir a sua atenção. O conceito de métricas de vaidade já foi debatido: são métricas que mostram que algo está a acontecer, mas não fornecem informações sobre as quais se possa atuar ou que se relacionem com os resultados. As métricas de vaidade podem também induzi-lo em erro, fornecendo-lhe informações falsas que o distraem do que é realmente importante.

As métricas verdadeiramente importantes para qualquer empresa resumem-se a:

- **Receitas:** clientes, vendas, valor do tempo de vida, lucros
- **Clientes:** contactos, subscritores, comportamentos de compra repetidos
- **Conversões:** pontos do seu funil de marketing que estão a levar as pessoas a agir (ou não, e onde podem ser melhorados)

Tudo o que se encontra fora destas áreas só é útil quando:

- **Mostra resultados a curto prazo:** Por exemplo, pode acompanhar o crescimento numa rede social específica a curto prazo como um sinal de que uma campanha de marketing nas redes sociais está a ganhar força. Mas, a longo prazo, estará muito mais preocupado em saber se uma rede específica está a gerar tráfego, se esse tráfego está a ser convertido e o nível geral de envolvimento (comentários, partilhas sociais, conversas) que está a ter com esse público.
- **Responde a uma pergunta específica:** Poderá ter perguntas específicas sobre uma área, como o seu marketing de conteúdos. Quais são os conteúdos mais populares entre os potenciais clientes? Esta informação pode fornecer-lhe resultados rápidos e acionáveis que determinam a direção de uma campanha que está a executar. Por conseguinte, este tipo de métrica pode ter um valor estratégico significativo - quando é analisado com uma mentalidade "just in time" ou "lean".

Testes de conversão: Capturar o valor do seu tráfego

Nenhuma discussão sobre a medição no marketing em linha estaria completa sem analisar mais de perto os testes de conversão. Trabalha arduamente para obter tráfego para o seu site através de uma grande variedade de tácticas, desde a melhoria dos resultados da pesquisa orgânica até à realização de campanhas intensivas de publicação de convidados. Mas o que acontece ao seu tráfego quando chega ao seu sítio? Se não estiver a converter - ou seja, se os visitantes não se transformarem em clientes e não permanecerem no seu site - o seu investimento numa estratégia de SEO é em grande parte em vão.

Os testes de conversão oferecem uma forma estruturada de compreender quais os aspectos do seu marketing que estão a funcionar e quais os que não estão. A forma mais fácil de compreender os testes de conversão é olhar para o conceito de teste A/B. Num teste A/B, são comparadas duas versões diferentes da mesma coisa (por exemplo, dois títulos para um e-mail de marketing ou duas cores diferentes de cabeçalhos). As duas versões são apresentadas aos segmentos do público e mede-se qual delas converte melhor.

No caso de dois títulos, 5% dos espectadores que os viram poderão clicar na versão A, enquanto 20% clicam na versão B. O profissional de marketing pode então utilizar essa informação para partilhar o título de maior conversão com um segmento mais vasto da audiência e, consequentemente, aumentar as conversões e os lucros. Os testes de conversão podem ser utilizados em todo o ecossistema de marketing em linha, desde o marketing por correio eletrónico até aos blogues. Se fizer parte de um programa de testes sistemático, o teste de conversão pode resultar em melhorias incrementais que têm um impacto significativo ao longo da vida da sua campanha.

Para saber mais sobre como estruturar os testes de conversão, consulte o Guia de Otimização de Conversão para Principiantes do Qualaroo.

No nosso próximo e último capítulo, iremos apresentar-lhe algumas das nossas ferramentas e recursos favoritos para todas as áreas de SEO que explorámos.

Capítulo 14: Ferramentas e recursos para a formação contínua

Ferramentas do Google

O Google oferece uma série de ferramentas que devem fazer parte do kit de ferramentas de qualquer SEO.

- Google Analytics - www.google.com/analytics/
- Ferramentas do Google para webmasters - www.google.com/webmasters/tools/home?hl=en
- Ferramenta do planeador de palavras-chave do Google - adwords.google.com/ko/KeywordPlanner/Home

- Google Suggest

Ferramentas de criação de ligações

- BuzzStream - www.buzzstream.com/ - ferramenta de pesquisa e construção de links
- Ahrefs - www.ahrefs.com/ - verificador de backlinks e ferramenta de análise
- Majestic SEO - www.majesticseo.com/ - verificador de backlinks e ferramenta de exploração de sites
- Open Site Explorer - www.opensiteexplorer.org/ - descobrir novas oportunidades de ligação
- Link prospetor - linkprospector.citationlabs.com/ - ajuda os utilizadores a criar backlinks direcionados
- Inspyder Backlink Monitor www.inspyder.com/products/BacklinkMonitor/ - ferramenta de análise de backlinks
- Rankwyz - www.rankwyz.com/ - ferramenta de construção de links
- GSA Search Engine Ranker www.secure.avangate.com/order/product.php?PROD S= 4555684&QTY=1&AFFILIATE=48198 - ferramenta de backlink building para nichos de mercado
- Link Emperor - www.linkemperor.com/?a=ec6ce75b4ecf - ferramenta utilizada para construir links de autoridade
- ScrapeBox - www.scrapebox.com/ - pinging, comentários, ferramenta de construção de links
- LinkPatrol - https://linkpatrolwp.com/ - ajuda a limpar as ligações no seu sítio Web

Ferramentas e recursos de marketing de conteúdos e de redação

- Percolate - http://percolate.com/ - Plataforma de marketing de conteúdos.
- UberFlip - www.uberflip.com/ - Criação de plataformas de conteúdos
- Outbrain - www.outbrain.com/select - Curadoria de conteúdos
- Curata - www.curata.com/ - Software de criação de conteúdos
- Addvocate - https://addvocate.com/ - Plataforma de partilha de conteúdos para empresas
- Papershare - www.papershare.com/ - Plataforma de criação de conteúdos
- Inbound Writer- www.inboundwriter.com/ - Software de análise e desempenho de conteúdos
- Scribe - http://scribecontent.com/ - Software de marketing de conteúdos da CopyBlogger

- Optimizely - www.optimizely.com/ - Teste A/B para um conteúdo mais eficaz
- Parse.ly - www.parsely.com/ - Prevê o desempenho do conteúdo com o público
- Convert - www.convert.com/ - Testes A/B para um conteúdo mais eficaz
- Copyblogger - www.copyblogger.com/ - Ferramentas e recursos para profissionais de marketing de conteúdos
- ProBlogger - www.problogger.net/ - Construir um blogue melhor
- SEOBook - www.seobook.com - Otimizar o seu blogue

Ferramentas e recursos de marketing nas redes sociais

- Menção - https://en.mention.com/ - sentimento social/marca, rastreador de menções de nomes
- SocialOomph - https://www.socialoomph.com/ - plataforma totalmente integrada, permite-lhe programar conteúdos nas redes, acompanhar as menções, interagir com os seguidores, etc.
- Tweetdeck - https://tweetdeck.twitter.com/ - interaja com os seguidores do Twitter em tempo real, acompanhe as menções e o envolvimento
- twazzup - http://www.twazzup.com/ - Monitorização do Twitter
- Social Mention - http://www.socialmention.com/ - rastreio de sentimentos, análise
- Hootsuite - http://www.hootsuite.com/ - plataforma de gestão de conteúdos, controlo do envolvimento e agendamento
- Social Media Examiner - http://www.socialmediaexaminer.com - dicas para utilizar as redes sociais nas empresas
- Social Media Marketing Magazine - http://www.smmmagazine.com/ - publicação do sector para profissionais de marketing de redes sociais
- RazorSocial - http://www.razorsocial.com/blog/ - blogue de marketing nas redes sociais
- Jon Loomer - http://www.jonloomer.com/ - blogue de marketing avançado do Facebook
- SocialMouths - http://socialmouths.com/blog/ - blogue de marketing nas redes sociais

Marketing Pay-Per-Click

- Wordstream - http://www.wordstream.com/pay-per-click - Ferramentas de marketing PPC e blogue
- Tutorial PPC de Bruce Clay - http://www.bruceclay.com/ppc/pay-per-click.htm - descreve os conceitos básicos de PPC e fornece sugestões
- Google Keywork Planner - https://adwords.google.com/ko/KeywordPlanner/Home - Ferramenta de pesquisa de palavras-chave PPC
- Guia do Wordstream para escolher uma plataforma PPC - http://marketing.wordstream.com/How-To-Choose-A-PPC-Software-Platform- Buying-Guide.html

Marketing local

- Guia de SEO local - http://www.localseoguide.com/
- Otimização para a pesquisa local - http://www.quicksprout.com/2Q12/Q3/26/how-to-optimize-your-business-for-local-search-and-social-marketing/
- Dicas de pesquisa local - http://blog.crazyegg.com/2013/05/16/local-search-optimization-tips/
- Ferramentas locais de SEO - http://www.localseoguide.com/local-seo-tools/

Conclusão: Juntando tudo

Atualmente, a SEO desafia muita da sabedoria convencional. As coisas estão a mudar rapidamente e é fácil ficar sobrecarregado. Lembre-se de que o núcleo de uma estratégia de SEO forte se baseia na criação de conteúdo excelente, no envolvimento com um público através das redes sociais e na obtenção de links de alta qualidade ao longo do caminho. A melhor forma de começar é colocar estas tácticas em ação, criando o seu próprio site e marca. Se seguir o caminho que apresentámos aqui, estará a caminho de um site de autoridade de alto nível com classificações sustentáveis que o manterão no topo dos motores de busca.

Referência

5 equívocos mais comuns sobre SEO - Adogy BlogAdogy Blog Retrieved from http://www.adogy.com/blog/5-common-misconceptions-seo/

5 Online Marketing Trends You Need to Know About In 2014 Retrieved from http://www.adogy.com/blog/5- online-marketing-trends-you-need-to-know-about-in-2014/

7 Estatísticas poderosas do Facebook que deve conhecer para ter uma página do Facebook mais cativante Obtido em https://blog.bufferapp.com/a-scientific-guide-to-hashtags-which-ones-work-when-and-how-many

Autocompletar - Ajuda de pesquisa Obtida em https://support.google.com/websearch/answer/1062307hUen

Importância do nome de domínio na classificação Recuperado de https://blogs.bing.com/webmaster/2014/01/15/domain- name-importance-in-ranking/

Histórico de alterações do algoritmo do Google Recuperado de https://moz.com/google-algorithm-change

O Google Authorship está morto, mas a classificação dos autores não: A Interview With Casey Markee Retrieved from https://www.searchengineiournal.com/google-authorship-dead-author-rank-interview-casey- markee/119730/

Taxas de cliques orgânicos do Google em 2014 Obtido em https://moz.com/blog/google-organic-click- through-rates-in-2014Guia de SEO no site | Aprender no site

How to Build a Kickass Content Strategy Retrieved from http://www.audiencebloom.com/2013/04/how-to- build-a-kickass-content-strategy/

Como usar Hashtags: Quantas, as melhores e onde as utilizar Recuperado de https://blog.bufferapp.com/a-scientific-guide-to-hashtags-which-ones-work-when-and-how-many

Factores de classificação dos motores de busca 2015 Recuperado de https://moz.com/search-ranking-factors

SEO - VUDU Marketing Retrieved from http://www.vudumarketing.com/on-site-seo-guide/

Prepare a sua empresa para o sucesso com as páginas de empresa do LinkedIn Recuperado de https://business.linkedin.com/marketing-solutions/blog/s/set-your-company-success-linkedin-company- pages-part-1?u=0

Snapchat: número de mensagens fotográficas diárias 2012-2014 Obtido em www.statista.com/statistics/257128/number-of-photo-messages-sent-by-snapchat-users-every-day/

O Guia para principiantes em otimização da taxa de conversão Obtido em https://qualaroo.com/beginners-guide- to-cro/

O guia definitivo para a utilização da ferramenta Keyword Planner do Google para a pesquisa de palavras-chave Recuperado de https://www.searchenginejournal.com/definitive-guide-using-googles-keyword-planner-tool-keyword- research/

Número total de sítios Web obtidos a partir de http://www.internetlivestats.com/total-number-of-websites/

Use Imagens no Twitter para Obter Mais ReTweets | Dan Zarrella Retrieved from http://danzarrella.com/use-images- on-twitter-to-get-more-retweets.html

Printed by Books on Demand GmbH, Norderstedt / Germany